KUMPULAN LAGU MACAPAT LARAS PELOG

Kumpulan Lagu Macapat Laras Pelog

Sugito HS
13 x 19 cm ; 134 hlm
ISMN : 979-0-9013875-1-5
Terbit Februari 2010
Set dan lay out : M. Ahmad Jalidu
Design Cover : Jalu Sentanu

Penerbit Garudhawaca
Yogyakarta
www.penerbitgarudhawaca.com
Email : garudhawaca@gmail.com
Cp. 08562856610

Pengantar Penulis

Menjadi penulis bukan cita-cita saya. Sebab, seingat saya, hingga sekarang hanya pernah dua kali bercita-cita. Pertama, saat saya masih kecil, kira-kira umur enam tahun, waktu itu tinggal bersama orangtua di Banyuwangi, pernah bercita-cita menjadi tentara. Kedua, setelah saya lulus dari SMKI Surakarta, kemudian masuk jurusan Pendidikan Bahasa Jawa di FBS UNY, sempat bercita-cita (mungkin lebih tepatnya berharap) menjadi dosen. Itu artinya, saya menyusun buku ini bukan karena didorong oleh semangat untuk mewujudkan cita-cita.

Buku ini memang saya paksakan untuk diterbitkan. Tapi, bukan karena saya sangat peduli dengan eksistensi Macapat (dalam hal ini sebagai seni *tembang*/vokal Jawa). Apalagi terhadap eksistensi Macapat sebagai sastra Jawa puisi. Sebab, tentunya sangat banyak orang dari kalangan intelektual yang memiliki kapasitas untuk melakukan pekerjaan itu. Biarlah keberlangsungan tradisi *nembang* Macapat itu menjadi pekerjaan rumah teman-teman di jurusan Karawitan. Begitu juga, biarlah keberlangsungan tradisi menulis Macapat itu menjadi pekerjaan rumah teman-teman di jurusan Bahasa dan Sastra Jawa.

Buku ini saya paksakan untuk diterbitkan hanya sebagai penawar kegelisahan. Bukan kegelisahan orang lain. Juga bukan kegelisahan kolektif. Hanya kegelisahan saya sendiri. Kegelisahan yang kerap hadir sejak saya mencoba pengalaman menjadi pengajar bahasa Jawa di beberapa SMP, meskipun sekarang sudah tidak lagi.

Saya menyimpulkan sendiri, bahwa sebenarnya para guru bahasa Jawa sangat membutuhkan referensi notasi lagu untuk me-*nembang*-kan Macapat pada proses pembelajaran. Namun, mereka kesulitan mendapatkannya. Bukan karena tidak ada. Mungkin karena malas saja. Sebab, sudah ada bukunya Pak Goenawan Sri Hastjarjo hingga tiga jilid yang berisi notasi lagu Macapat. Juga sudah ada bukunya Bu Supadmi yang berisi lagu-lagu Macapat khusus cengkok Palaran. Pun sudah ada diktat berisi lagu-lagu macapat yang diterbitkan oleh KHP Kridhamardawa Kraton Yogyakarta.

Demi menawar kegelisahan pribadi, saya pun memulai pekerjaan, yang bukan bagian dari cita-cita ini, dengan mengumpulkan catatan yang selama ini berserakan di kamar. Saya menulis ulang notasi-notasi itu, hingga menjadi buku ini.

Sesuai dengan judulnya, saya sesungguhnya hanya ingin mendokumentasikan ulang notasi-notasi lagu Macapat. Namun, dengan pertimbangan demi membantu kelancaran praktik *nembang* menggunakan buku ini, saya menyertakan contoh *cakepan* (lirik) cuplikan dari *serat Wulangreh, Wulangsunu, Kalatidha,* dan *Tripama*. Sekali lagi, penyertaan *cakepan* di setiap lagu bukan dalam rangka lain kecuali hanya untuk membantu pembacaan notasi.

Saya merencanakan, selanjutnya dapat menerbitkan buku Kumpulan Lagu Macapat Laras Pelog jilid 2 dan buku Kumpulan Lagu dan Lirik Macapat Populer.

Nandan, 26 Januari 2009

Salam,

Sugito HS

Macapat adalah salah satu karya sastra Jawa berbentuk puisi yang cara pembacaannya lain dengan pembacaan puisi pada umumnya. Pembacaan macapat harus didendangkan atau dilagukan, hal ini sesuai dengan pengertian macapat yang berasal dari kata *maca* dan *maat*. *Maca* yang berarti membaca, sedangkan *maat* dari bahasa Belanda yang artinya irama. Jadi macapat bisa diartikan membaca dengan irama atau lagu.

Menurut beberapa ahli kesusastraan Jawa Macapat terdiri dari 11 metrum, yaitu: Mijil, Maskumambang, Kinanthi, Sinom, Asmaradana, Gambuh, Dhandhang-gula, Durma, Pangkur, Megatruh dan Pocung. Setiap metrum macapat tersebut mempunyai aturan penulisan dan cara mendendangkan (lagu) yang berlainan. Pada setiap metrum itupun mempunyai banyak cengkok atau lagu. Keaneka ragaman cengkok tersebut terjadi dari kreativitas masyarakat Jawa sebagai pemilik tembang macapat tersebut.

Di era sekarang ini jarang sekali orang-orang Jawa yang bisa mendendangkan tembang macapat dengan baik, lebih-lebih di kalangan generasi muda. Hal tersebut karena kurangnya pembelajaran tentang tembang macapat kepada generasi muda, juga karena kurangnya buku-buku referensi tentang tembang macapat beserta cara-cara menden-dangkannya. Karya sastra Jawa yang berbentuk Macapat masih banyak dijumpai baik karya sastra lama (yang berbentuk serat, kitab atau buku karya dari para pujangga Jawa) yang dapat ditemukan di perpustakaan-perpustakaan maupun karya sastra baru yang dapat dijumpai di majalah-majalah berbahasa Jawa. Meskipun masih banyak karya sastra Jawa yang berbentuk Macapat dapat dijumpai tetapi di sana tidak dijumpai bagaimana cara mendendangkannya, bagaimana notasinya, sehingga pembaca hanya bisa menikmati karya sastra tersebut untuk dibaca tanpa diekspresikan dengan cara didendangkan.

Adanya buku kumpulan cengkok macapat ini sangat berarti bagi pembelajaran tembang macapat baik di kalangan para pencinta dan praktisi tembang macapat maupun bagi para guru pengajar tembang macapat. Buku ini memuat begitu banyak jenis cengkok macapat yang ber*laras*kan Pelog. Terlihat dalam buku ini penulis berhasil menginventaris cengkok-cengkok tembang ma-capat yang ada di khsanah dunia tembang macapat. Dalam buku ini penulis tidak mengutamakan pada isi atau cakepan tetapi lebih ingin memberikan perben-daharaan cengkok macapat kepada pembaca. Sangat disayangkan jika para pencinta dan praktisi tembang macapat maupun guru-guru pengampu tembang macapat tidak mau membaca dan memiliki buku ini. Semoga penulis tidak berhenti sampai di sini tetapi berkenan untuk lebih mengembangkan lagi dengan menulis cengkok-cengkok macapat diikuti pula *cakepan* tembang yang disesuaikan dengan sifat dan isi tembangnya, sehingga sangat membantu dalam proses pembelajaran di dunia pendidikan. Semoga Tuhan selalu memberikan petunjuk-Nya. Amin.

Yogyakarta, Januari 2010
Slamet Nugroho Dwija Disastra

Asmaradana Dhadhapan, Pelog Lima

1   2   3   1   2   3 2   3   5
de – ne ting – kah – ing   du – ma – di

5   6   6   6   5   3   2   3
kang a – kar – ya ga – ra – ga – ra

2   1   6   3   2   1 2   6   1
ka – gi – ri – gi – ri   go – ra reh

3   5   5   5   5   5   5 6   5
ye – ka ing ja – man Sa – nga – ra

3   2   2   1   3   2 1   1
du – du ting – kah – ing   ja – gad

6   1   1   1   1   2   3   3
yek – ti – ne mung pa – trap – i – ra

3   3   2   2   1   3   2 1   1
ma – nung – sa kang nga – ku gu – na

Asmaradana Gadhung-Mlathi, Pelog Lima

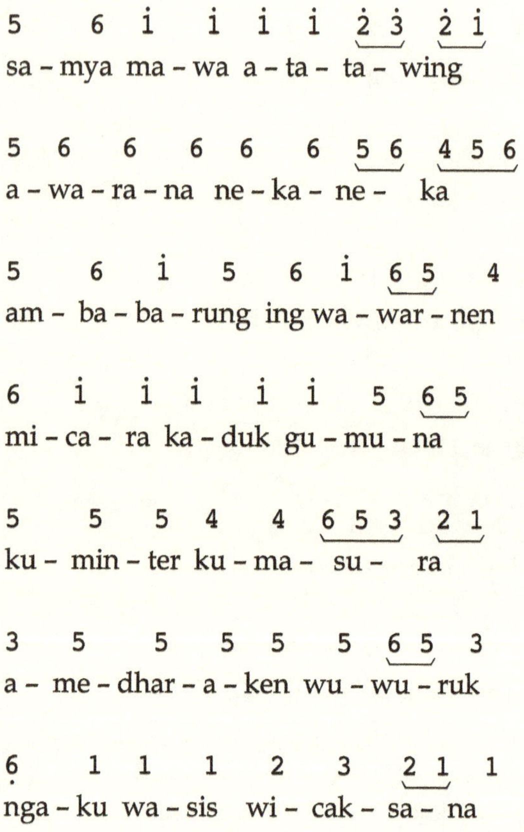

Asmaradana Jaka Lola, Pelog Barang

7   2̇   2̇ 2̇   2̇ 2̇   2̇ 2̇
ang – kuh – e ar – sa nga – yom – i

2̇   2̇   2̇ 3̇   2̇ 7   6   7
mring pa – ra pa – pa ka – sim – par

6   5   3   7   6   5 6   3   5
kang a – neng ar – ga myang nga – re

2   3   5   6   5   6   7   5
su – pa – ya ra – ha – yu – ni – ra

5   3   2   3   4   3 2   2
sa – te – mah pa – ra pa – pa

2   2   7̣   6̣   7̣ 2   3 2   7̣
sa – mya bi – ngung ting ba – lu – lung

3   5   6   6 7   5   6 5   3 2
re – but dhu – cung sa – lang tun – jang

Asmaradana Jaka Lola, Pelog Lima

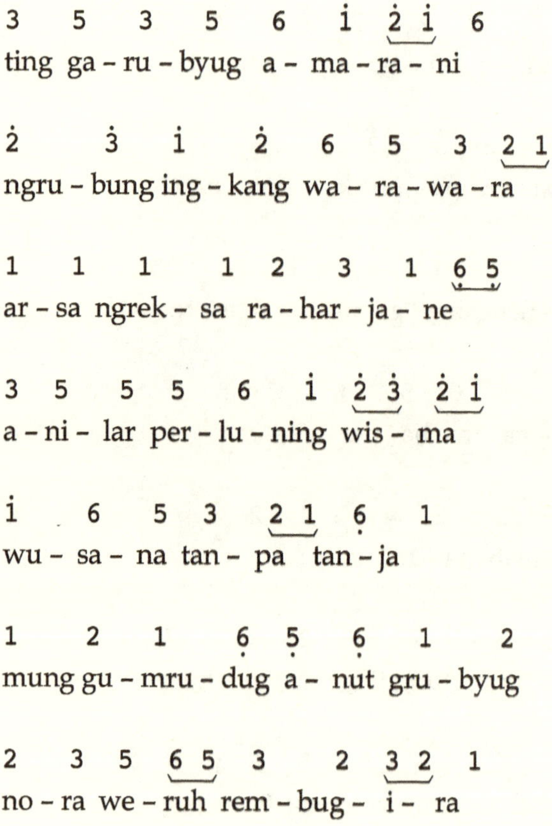

Asmaradana Kembang Tiba, Pelog Lima

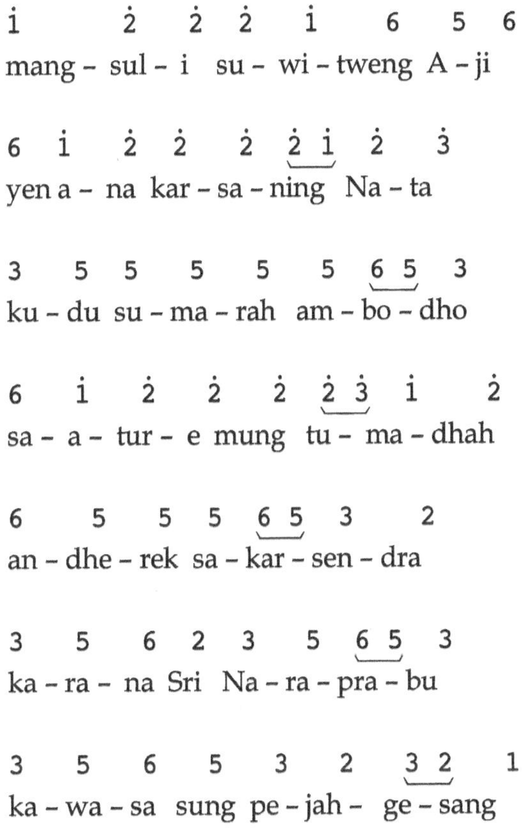

Asmaradana Mari Oneng, Pelog Lima

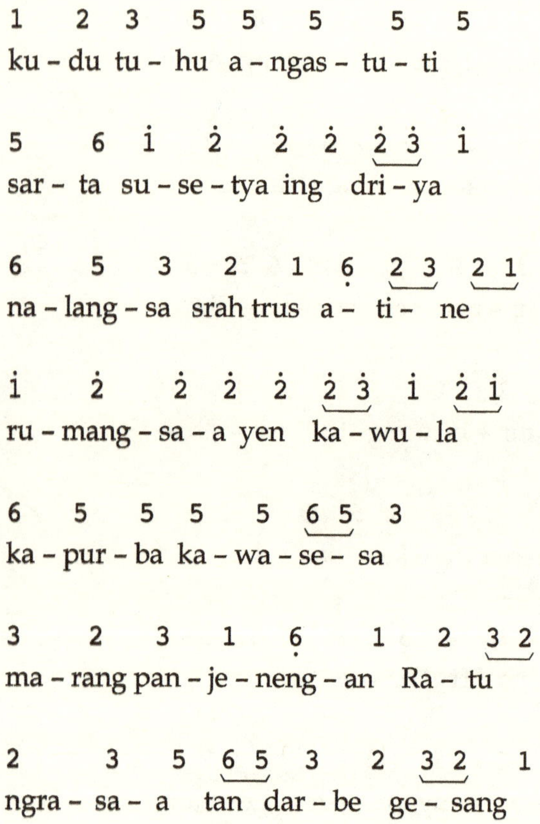

Asmaradana Panglipur, Pelog Nem

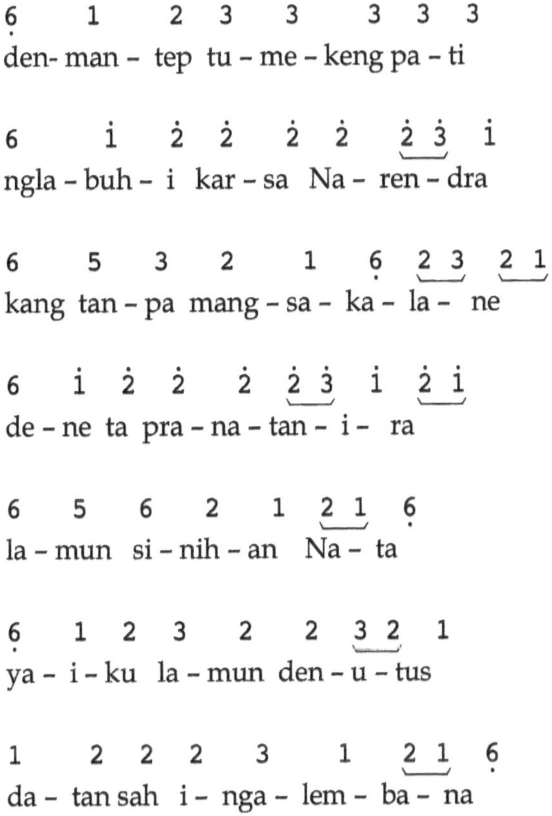

Asmaradana Slobog, Pelog Barang

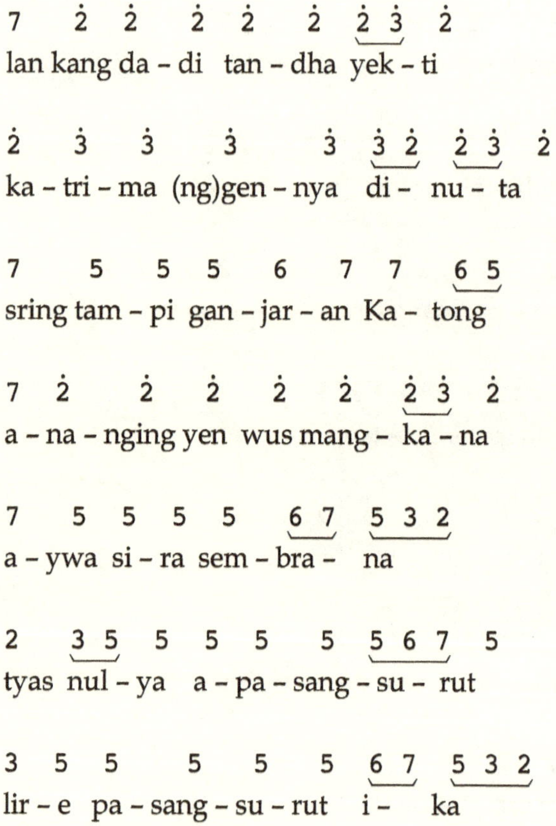

Asmaradana Slobog, Pelog Lima

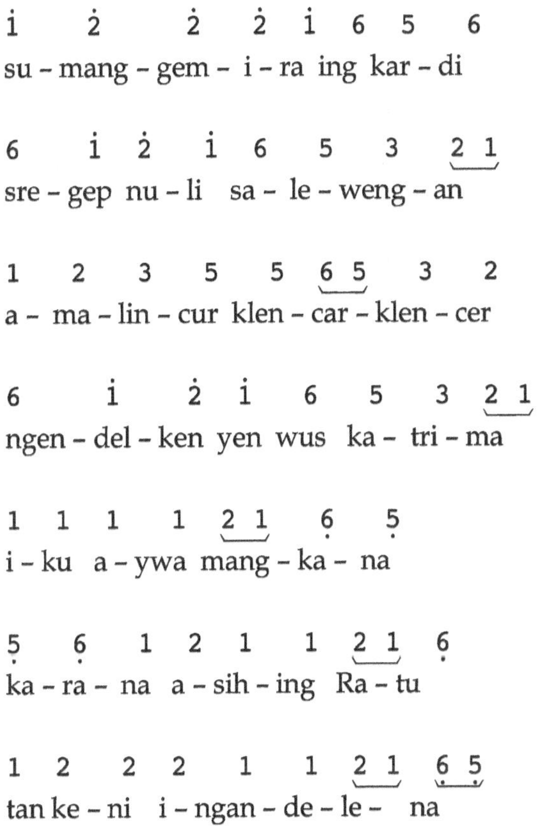

Dhandhanggula Banjet, Pelog Barang

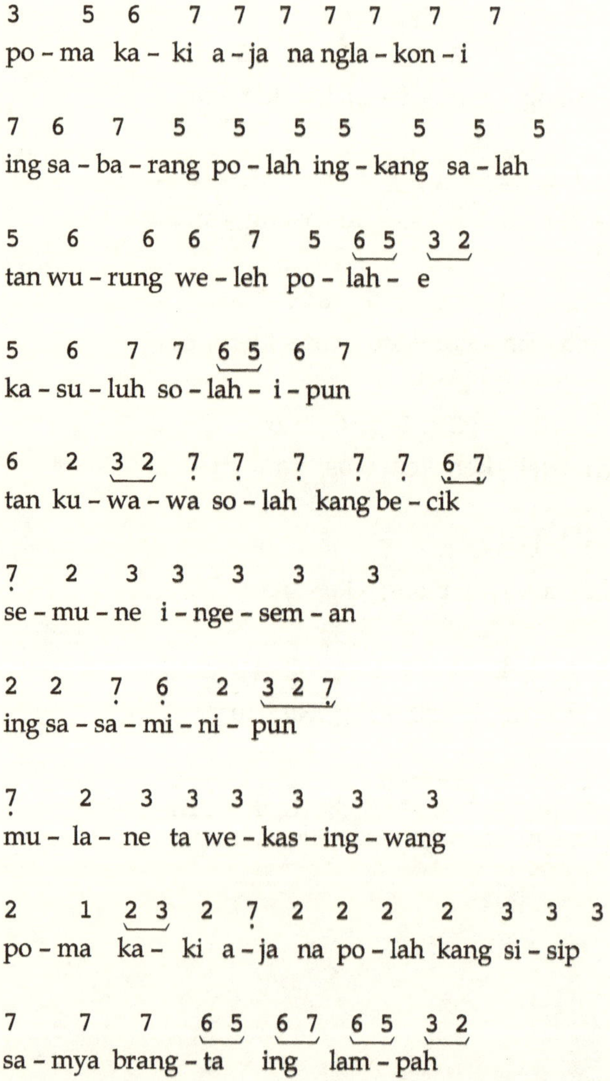

3   5   6   7   7   7   7   7   7   7
po – ma ka – ki a – ja na ngla – kon – i

7   6   7   5   5   5   5   5   5   5
ing sa – ba – rang po – lah ing – kang sa – lah

5   6   6   6   7   5   6 5   3 2
tan wu – rung we – leh po – lah – e

5   6   7   7   6 5   6   7
ka – su – luh so – lah – i – pun

6   2   3 2   7   7   7   7   7   6 7
tan ku – wa – wa so – lah kang be – cik

7   2   3   3   3   3   3
se – mu – ne i – nge – sem – an

2   2   7   6   2   3 2 7
ing sa – sa – mi – ni – pun

7   2   3   3   3   3   3   3
mu – la – ne ta we – kas – ing – wang

2   1   2 3   2   7   2   2   2   2   3   3   3
po – ma ka – ki a – ja na po – lah kang si – sip

7   7   7   6 5   6 7   6 5   3 2
sa – mya brang – ta   ing lam – pah

Dhandhanggula Banjet, Pelog Barang

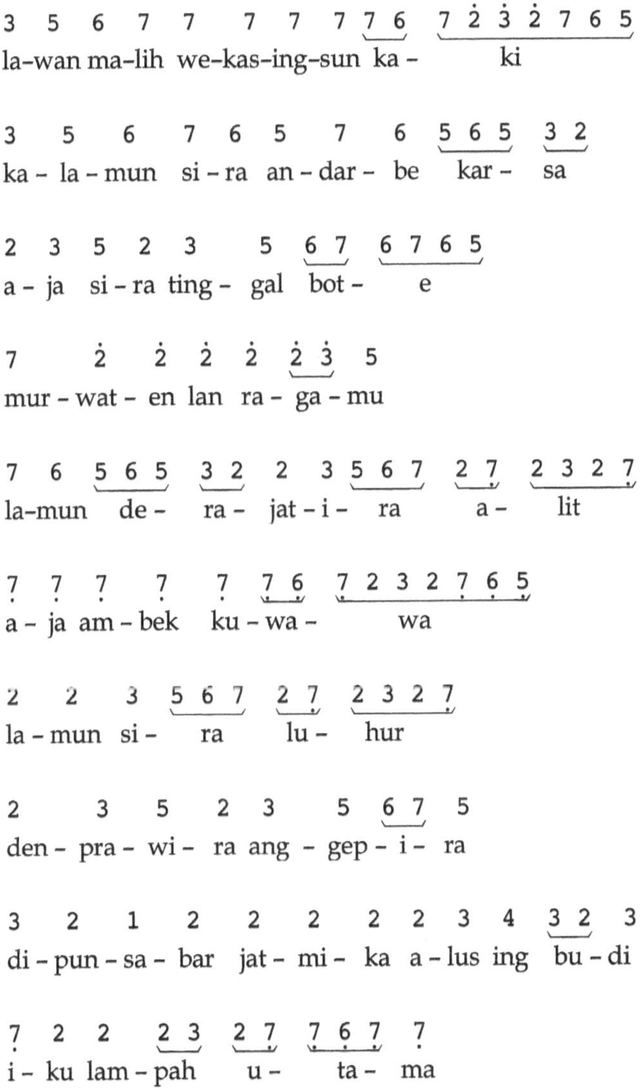

Dhandhanggula Barang Laya, Pelog Barang

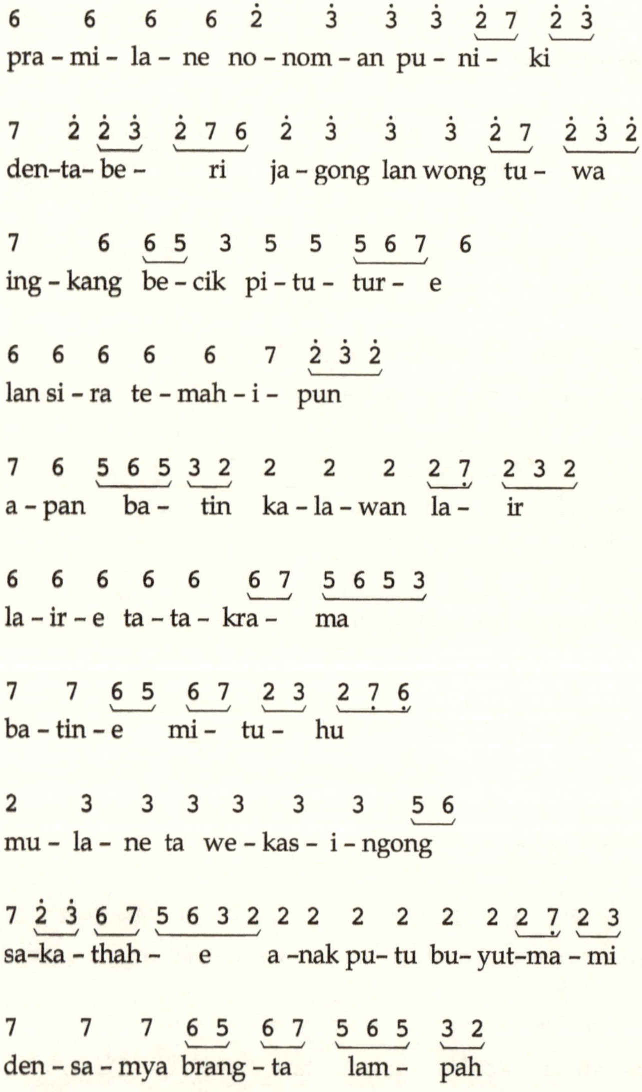

Dhandhanggula Kusumasih, Pelog Barang

6   6 6   6 6   7   2̇   3̇ 3̇   3̇
mar – ma la – mun mi – ca – reng pa – nga – wrih

2̇   2̇ 3̇ 2̇ 7 7   7 6 6 5 6 7
den – a – bi – sa sa – sap ing wa – ca – na

7   2̇   2̇   2̇ 2̇   2̇ 3̇ 2̇ 7 6
a – ma – mrih – a pra – yo – ga – ne

6 7   2̇   2̇   2̇ 2̇ 3̇ 2̇ 3̇
lan wi – na – ta – reng tan – duk

6 5   6 5 3 2 2   2 3   3   3
tu – min – dak – ing du – gi pra – yo – gi

5 6   6 6   6 6 5 3
wi – nor – an ri – nga – ri – nga

2   7̣   2   2 3 2 7̣ 6̣
pa – nga – rah – ing wu – wus

2 3   3 3   3   5 6   6
u – pa – ma u – rub – ing da – mar

5 6 7 6 5 3 2 2 2 2 2 2 3 3 3
mra – na – mre – ne ang-ga-re-met mi- ke – na – ni

7 7   7 7 2̇ 6 7 3 4 3 2
jro – ning na – la ka – pra – nan

Dhandhanggula Lik Suling, Pelog Lima

Dhandhanggula Mangkubumen, Pelog Barang

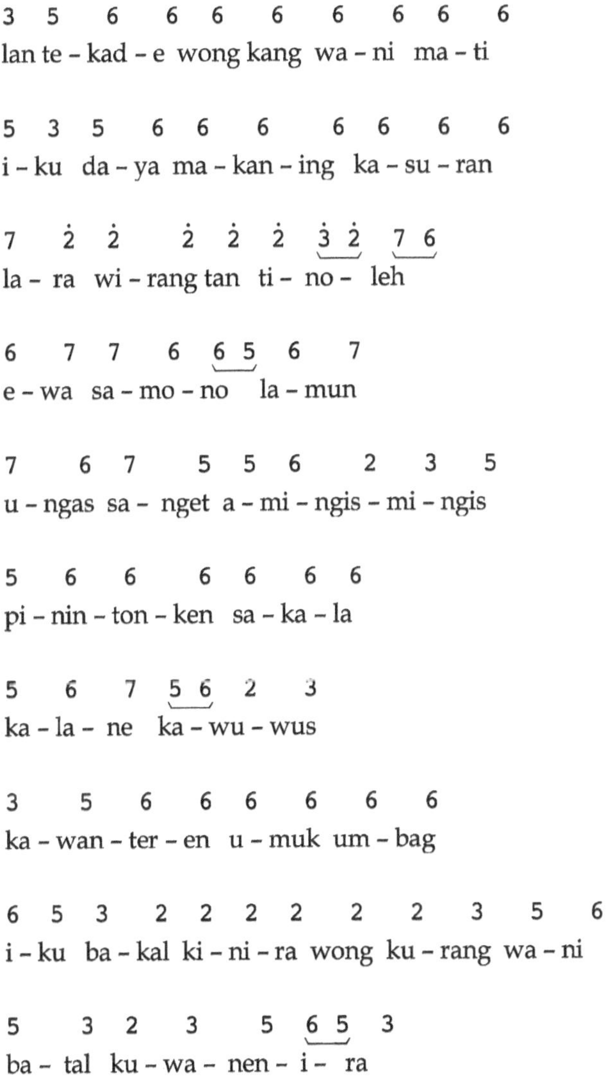

Dhandhanggula Maskentar, Pelog Lima

Dhandhanggula Natakusuman, Pelog Lima

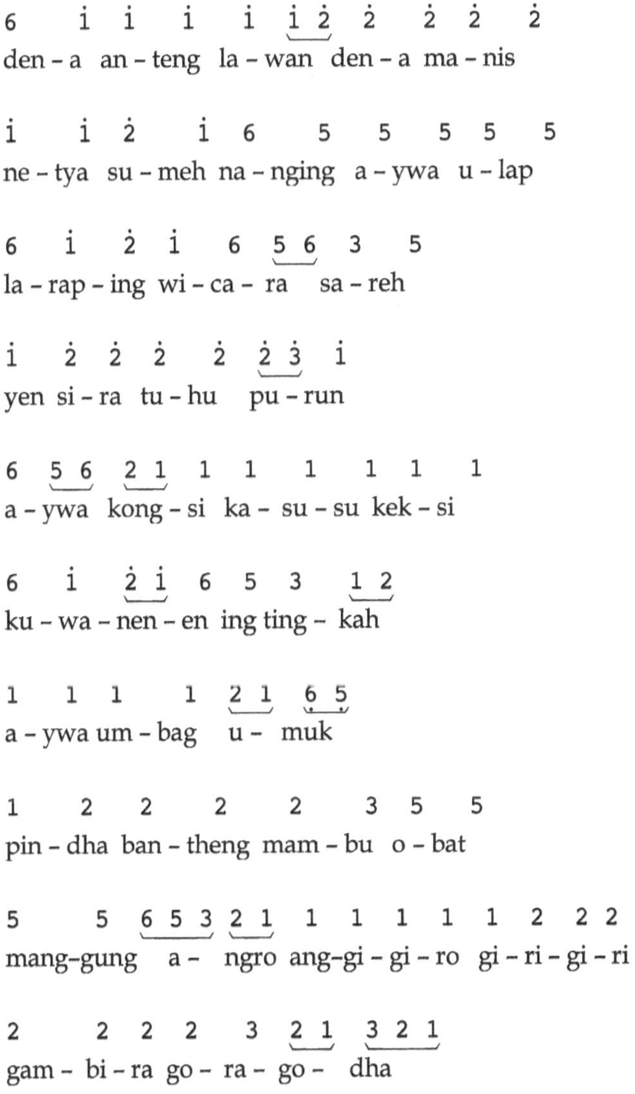

Dhandhanggula Penganten-anyar, Pelog Lima

Dhandhanggula Panglejar, Pelog Nem

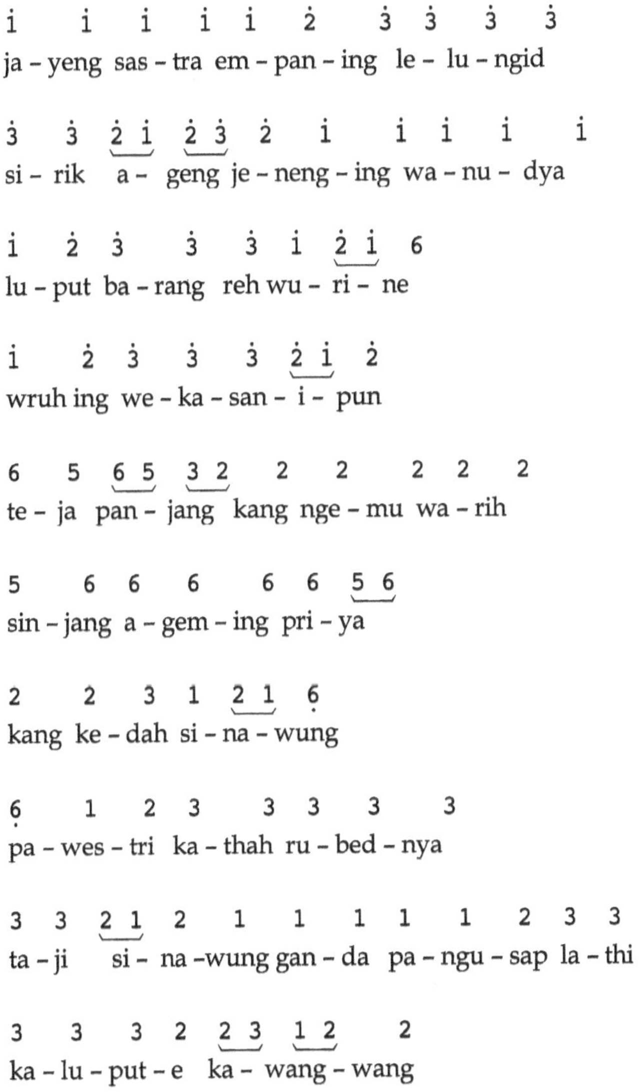

i i i i i 2̇ 3̇ 3̇ 3̇ 3̇
ja – yeng sas – tra em – pan – ing le – lu – ngid

3̇ 3̇ 2̇1̇ 2̇3̇ 2̇ i i i i i
si – rik a – geng je – neng – ing wa – nu – dya

i 2̇ 3̇ 3̇ 3̇ i 2̇1̇ 6
lu – put ba – rang reh wu – ri – ne

i 2̇ 3̇ 3̇ 3̇ 2̇1̇ 2̇
wruh ing we – ka – san – i – pun

6 5 6 5 3 2 2 2 2 2 2
te – ja pan – jang kang nge – mu wa – rih

5 6 6 6 6 6 5 6
sin – jang a – gem – ing pri – ya

2 2 3 1 2 1 6̣
kang ke – dah si – na – wung

6̣ 1 2 3 3 3 3 3
pa – wes – tri ka – thah ru – bed – nya

3 3 2 1 2 1 1 1 1 1 2 3 3
ta – ji si – na –wung gan – da pa – ngu – sap la – thi

3 3 3 2 2 3 1 2 2
ka – lu – put – e ka – wang – wang

Dhandhanggula Panglipur, Pelog Nem

```
6    1    2   3  6  i  2  2  2  2
pu - tran - den - ta  ron a - glar ing si - ti

i    5   6 5  3   3  5  6  6   6   6
pe - lem  a - gung kang ga - lak gan - da - nya

6  5  3   2  3  1  2 1  6
e - wuh a - ya pra - ti - kel - e

6   i  2  2   2  3  i 2
wa - ni - ta tin - dak du - du

6   5 6  2 1  1  1  1   1   1  1
ku - da   mi - jil ing Ta - man - sa - ri

3   5  5   5   5  5 6  5 6
pi - ring si - ti u - pa - ma

2   2   3   1  2 1  6
da - dya dhe - wek - i - pun

6   1   2  3   3  3  3   3
a - ngru - sak ba - dan pri - yang - ga

3  3  2 1  2 1  1  1   1   1  1  2   3   3
sa - ri  ta - la  da - dak - ing ron sun was - ta - ni

3  3  3  2  2 3  1 2  2
na - lu - tuh a - lam  du - nya
```

Dhandhanggula Rukmikentar, Pelog Barang

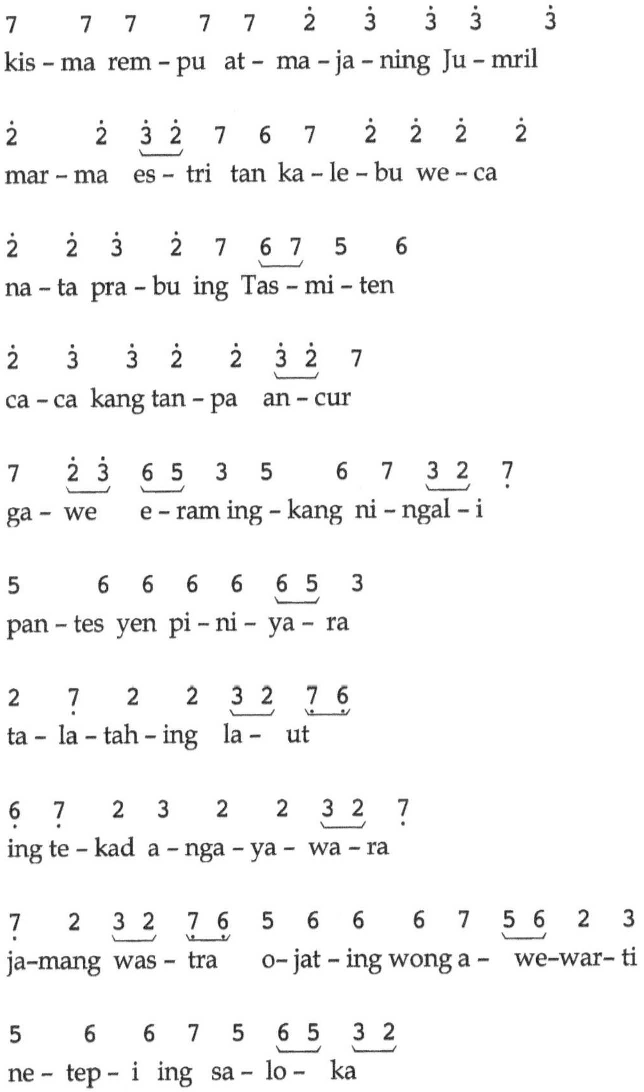

Dhandhanggula Turu Lare, Pelog Nem

Durma Dhadhapan, Pelog Lima

5   5   5   5   5   6   i̇   2̇   2̇   2̇   2̇   2̇ 3̇
be-da la – mun trah–ing bang-sa ber bu – da – ya

6   5   5   6   i̇ 2̇   6 5 3   2 1
bu – di – man tyas mum – pu –   ni

5   5   5   5   6 5   3
pu – cak – ing a – ca – la

3   3   3   1   2   3   3
kang lang – kung ing – gil – i – ra

3   5   6   6   6   6   5 4   4
mu – wah la – bet – ing u – da – di

2   4   5 6   2 3   2 1
mak – sih   ka – wur – yan

1   2   3   1   1   2 1   6 5
sa – king man – dra – wa kek – si

Durma Gagatan, Pelog Barang

Durma Gagatan, Pelog Lima

5   5   6 5   3 2 2   2   2 3 1   1   6   5
e –wa –de – ne kang wus was–pa–da ing ti–ngal

5   6   6   6   5 6   2 3   2 1
pu – tus ing sam – bang   li – ring

1   6   5   6   1   1
bang – kit ang – gi – gi – ra

1   1   6   5   6   1   1
sa – king du – ga pra – yo – ga

1   2   2   2   2   3   5   5
ji – na – ga pan – duk – ing li – ring

1   1   1   2 1   6 5
ywa ngan – ti   gi –   ta

5   6   6   6 i   5 6   2 3   2 1
wi – na – was kang   sa – yek – ti

Durma Kawin, Pelog Barang

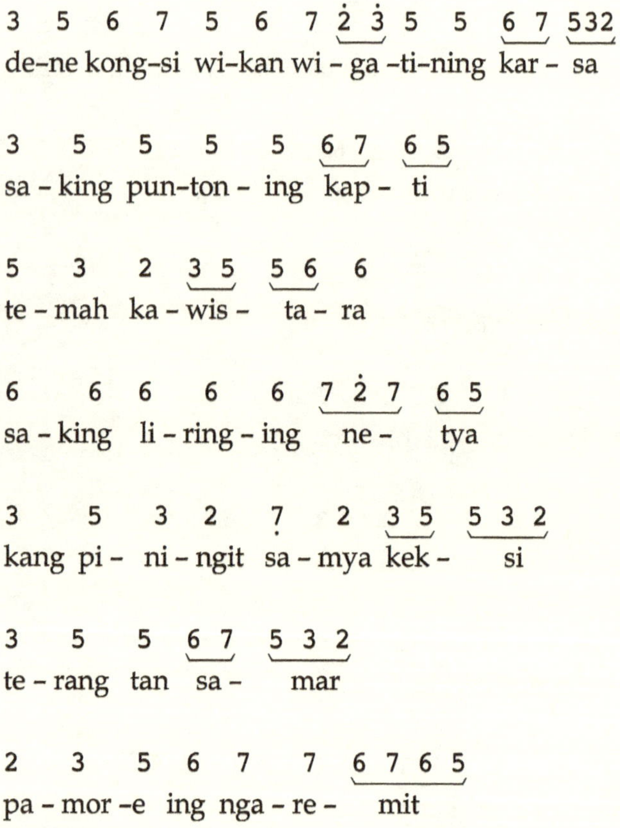

Durma Linduran, Pelog Barang

3   5   6 7 7 7 7   7 6 6 7 5 3 2
kang mang-ka-na i- nga-ran yu-da – na-ga- ra

2   3   5   6 7 5 6 5
pa – gut – ing sab – da ga – ti

5   6 6 6 7 5   6
a – neng pa – se – wa – kan

6   6   6   6 6 7 5   6
yen wus bang – kit mang – ka – na

5 3 5 2 3   5   5   5
sa –sat bi – sa a – ngu – was – i

3   2   1 6 1 2 2
ma – pan – ing   meng – sah

2   3   5 6   7 5 6 5
pa-sang – ing byu – ha wa – sis

Durma Palaran, Pelog Barang

6   6   6   6 2̇ 2̇   2̇ 2̇   2̇ 2̇ 3̇ 2̇ 7 2̇
kar-ya wing-wrin ge-lar-ing kang ri-pu ar - da

2̇   2̇   2̇   2̇ 7   2̇ 3̇   6 5   3 2
sa - ing - ga   ji - nem - pa - ring

2̇   2̇   7   6   6 5   3
je - jel ing nga -wi - yat

3   3   3 3   3 3   3
su - mri - wet tan - pa ken - dhat

7   7   7   7   7   7   7 6   6
te - rus sa - dha - sar - ing   bu - mi

2   2   2   3 2   7 6
ke - bak ke - bek - an

5   5 5   6   7   6 5   3 2
cul - ing wa - ras - tra lu - ngit

Durma Palaran, Pelog Lima

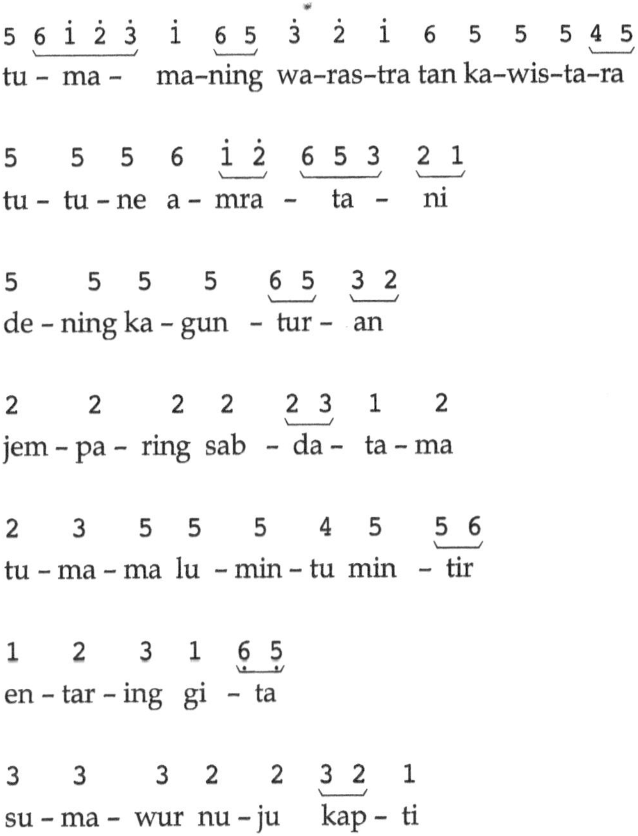

5 6 i 2̇ 3̇ i 6 5 3̇ 2̇ i 6 5 5 5 4 5
tu – ma – ma–ning wa–ras–tra tan ka–wis–ta–ra

5 5 5 6 i̇ 2̇ 6 5 3 2 1
tu – tu – ne a – mra – ta – ni

5 5 5 5 6 5 3 2
de – ning ka – gun – tur – an

2 2 2 2 2 3 1 2
jem – pa – ring sab – da – ta – ma

2 3 5 5 5 4 5 5 6
tu – ma – ma lu – min – tu min – tir

1 2 3 1 6 5
en – tar – ing gi – ta

3 3 3 2 2 3 2 1
su – ma – wur nu – ju kap – ti

Durma Rangsang, Pelog Barang

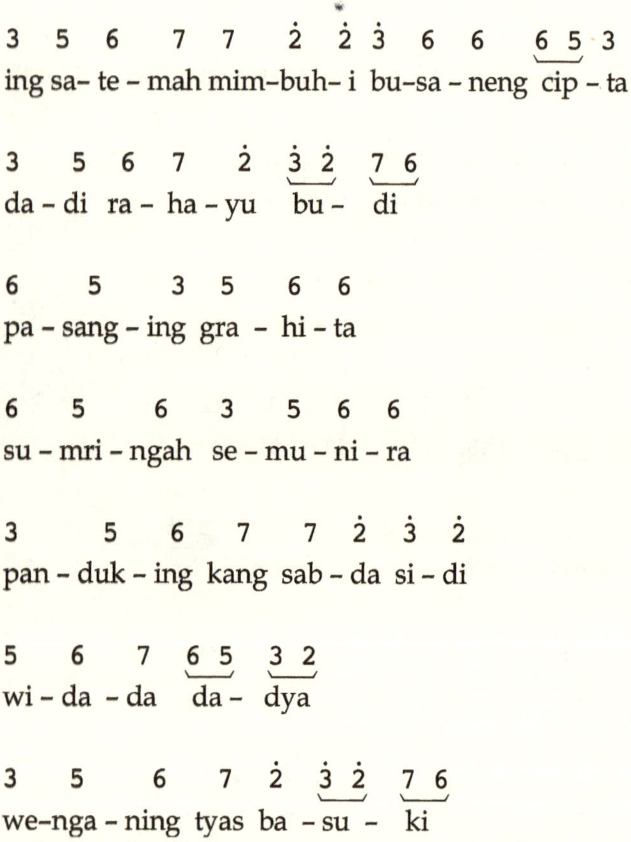

Durma Rangsang Mataraman, Pelog Barang

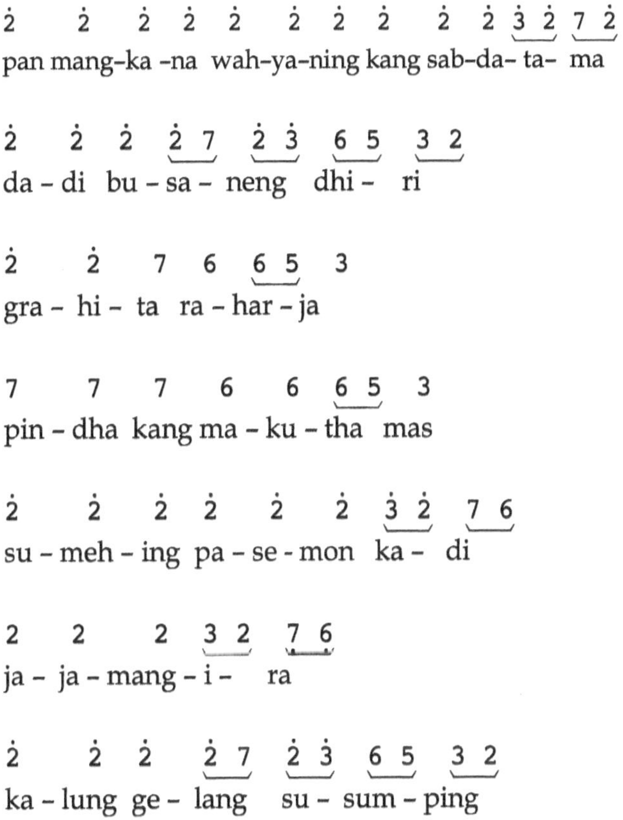

Durma Sura Greget, Pelog Lima

Durma Sureng Kewuh, Pelog Barang

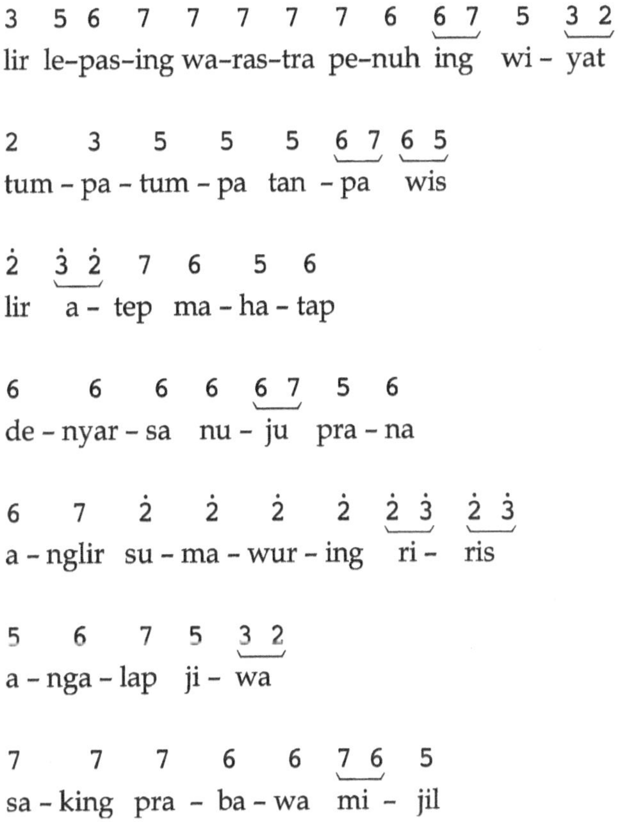

Durma Tinjomaya, Pelog Lima

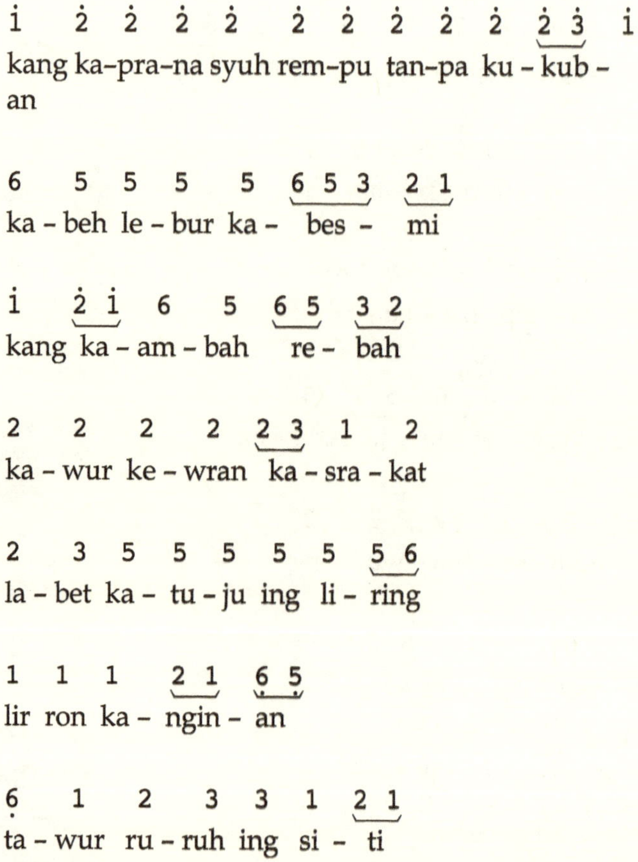

i 2̇ 2̇ 2̇ 2̇   2̇ 2̇ 2̇ 2̇ 2̇ 2̇ 3 i
kang ka–pra–na syuh rem-pu tan-pa ku – kub –
an

6   5   5   5   5   6 5 3   2 1
ka – beh le – bur ka – bes – mi

i   2̇ i   6   5   6 5   3 2
kang ka – am – bah   re – bah

2   2   2   2   2 3   1   2
ka – wur ke – wran ka – sra – kat

2   3   5   5   5   5   5   5 6
la – bet ka – tu – ju ing li – ring

1   1   1   2 1   6 5
lir ron ka – ngin – an

6   1   2   3   3   1   2 1
ta – wur ru – ruh ing si – ti

Durma Tunjung Seta, Pelog Barang

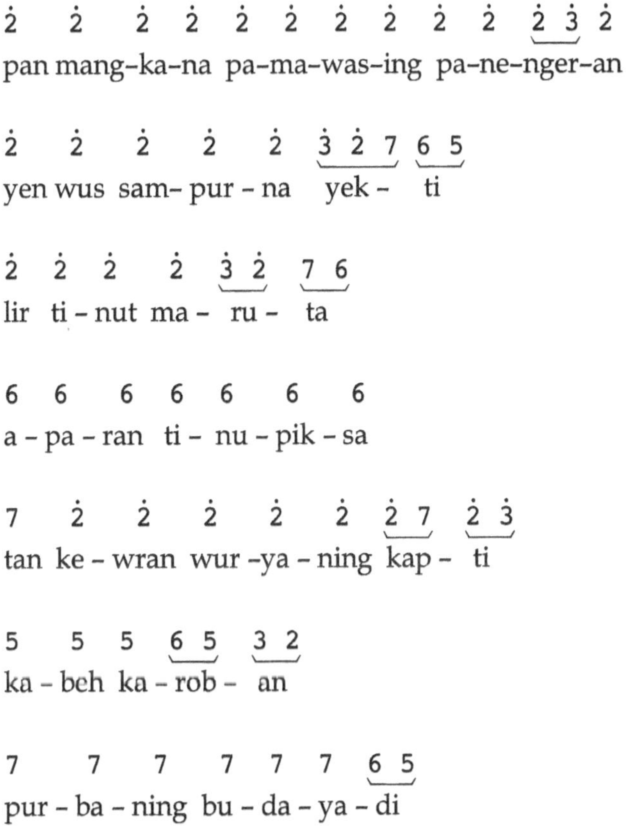

Kinanthi Among Lulut, Pelog Nem

2̇   3̇ 3̇ 3̇ 3̇ 3̇ 3̇ 3̇
mang –ka kan – thi – ning tu – mu – wuh

3̇ 2̇ 2̇ 2̇ 3̇ 3̇ 1 2̇ 1̇
sa– la – mi mung a – was e – ling

6 1̇ 2̇ 2̇ 2̇ 2̇ 3̇ 1̇ 2̇
e – ling lu – ki – ta – ning a – lam

6 5 5 5 5 6 5 3 2
we – di we – rya – ning du – ma – di

2 3 5 6 6 6 6 6
su – pa – di nir ing sang – sa – ya

1̇ 2̇ 2̇ 2̇ 3̇ 1̇ 2̇ 5 6
ye – ku pa – ngrek – sa – ning u – rip

Kinanthi Dhadhapan, Pelog Barang

6   7 7   7   7 5 6   7
mar – ma den – ta – be – ri ku – lup

5   6   6 6   6 6 7 5 6
a – ngu – lah lan – tip – ing   a – ti

5   6 7   7   7 6 7 2̇
ri – na we – ngi den – a ne – dya

6   3   3   3   2 3   7̣ 2
pan – dak – pan – duk – ing pam – bu – di

2   3 5   6   6   6   6   6
(m)beng – kas ka – har – da – ning dri – ya

5   5   3   2   3 5 5 6 6
su – pa – dya da – dya u – ta – mi

Kinanthi Gagatan, Pelog Lima

Kinanthi Ganda Astuti, Pelog Nem

Kinanthi Laras Tangis, Pelog Nem

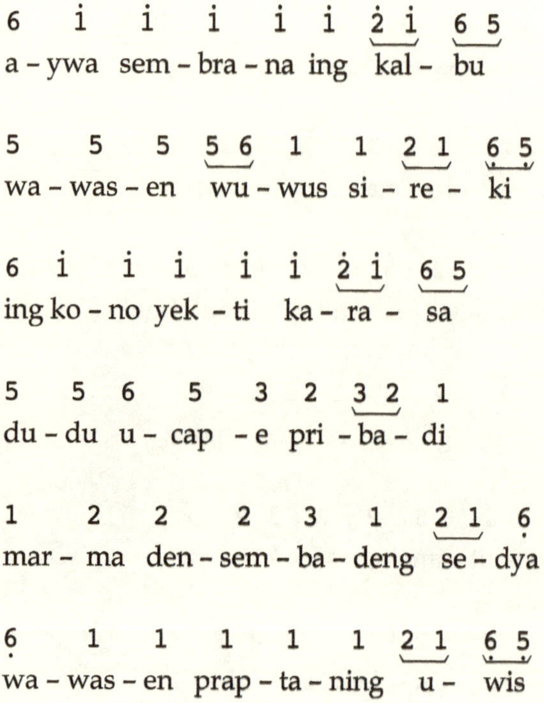

Kinanthi Lipur Prana, Peloeg Nem

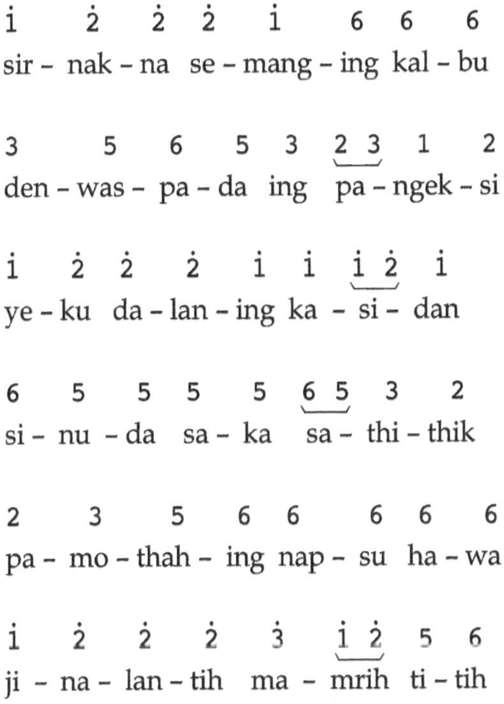

i   2̇   2̇   2̇   i   6   6   6
sir – nak – na se – mang – ing kal – bu

3   5   6   5   3   2 3   1   2
den – was – pa – da ing pa – ngek – si

i   2̇   2̇   2̇   i   i   i̇ 2̇   i
ye – ku da – lan – ing ka – si – dan

6   5   5   5   5   6 5   3   2
si – nu – da sa – ka sa – thi – thik

2   3   5   6   6   6   6   6
pa – mo – thah – ing nap – su ha – wa

i   2̇   2̇   2̇   3̇   i 2̇   5   6
ji – na – lan – tih ma – mrih ti – tih

Kinanthi Pancatnyana, Pelog Nem

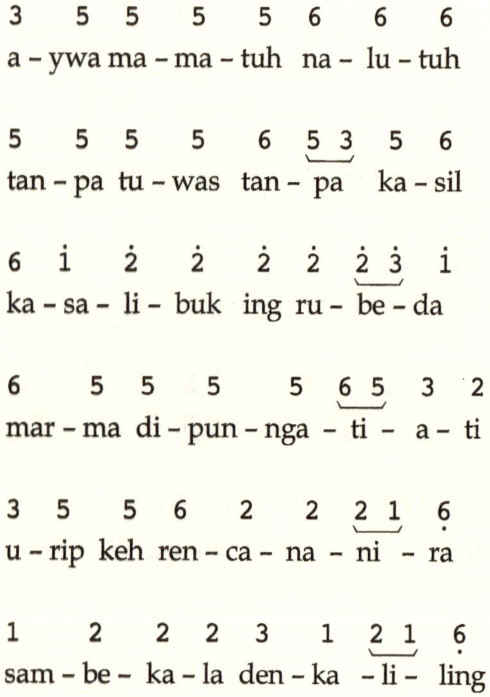

```
3    5   5   5   5   6   6   6
a – ywa ma – ma – tuh  na – lu – tuh

5    5   5   5   6   5 3   5   6
tan – pa tu – was  tan – pa   ka – sil

6   i   2   2   2   2   2 3   i
ka – sa – li – buk  ing ru – be – da

6    5   5   5   5   6 5   3   2
mar – ma di – pun – nga – ti – a – ti

3   5   5   6   2   2   2 1   6
u – rip keh ren – ca – na – ni – ra

1    2   2   2   3   1   2 1   6
sam – be – ka – la den – ka – li – ling
```

Kinanthi Panglipur Wuyung, Pelog Nem

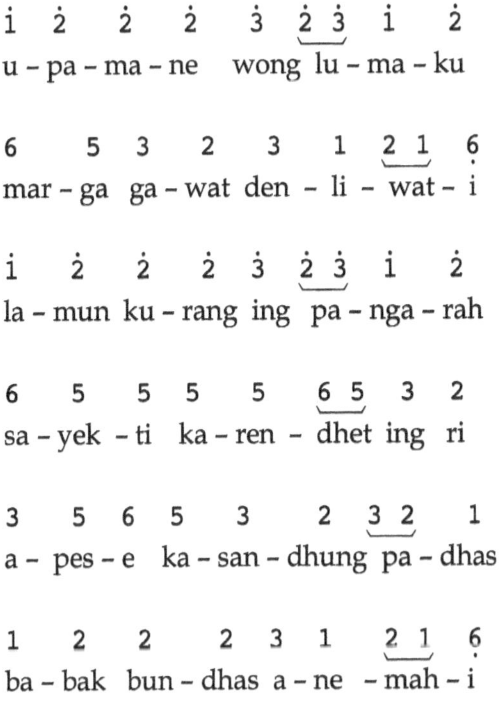

Kinanthi Sandhung, Pelog Barang

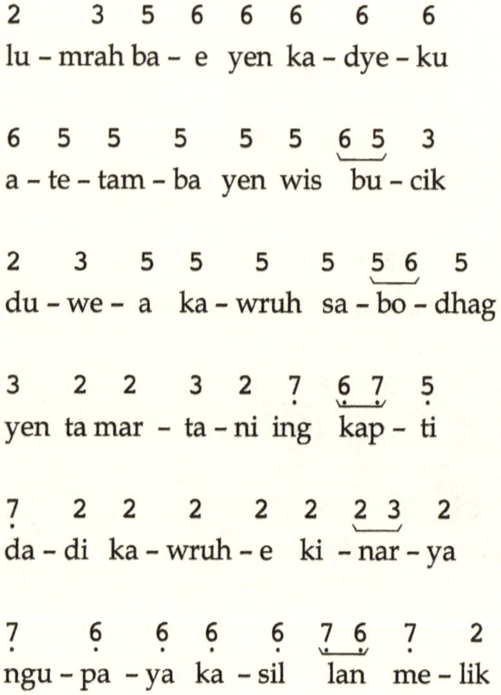

Kinanthi Sandhung, Pelog Nem

Kinanthi Sandhung-mesem, Pelog Barang

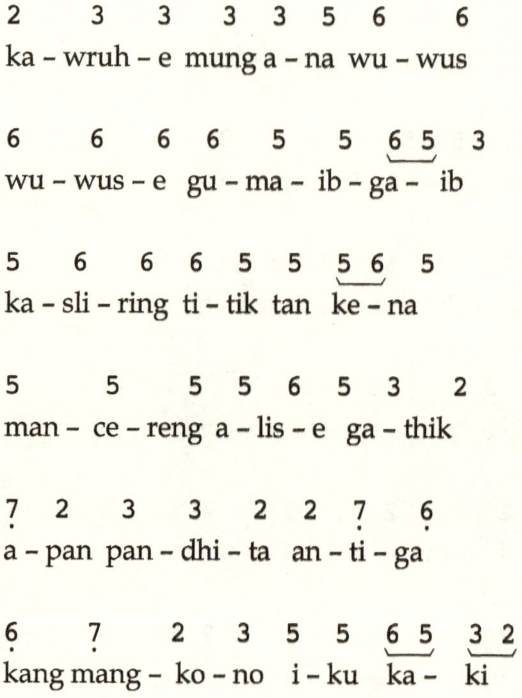

Kinanthi Sandhung-mesem, Pelog Nem

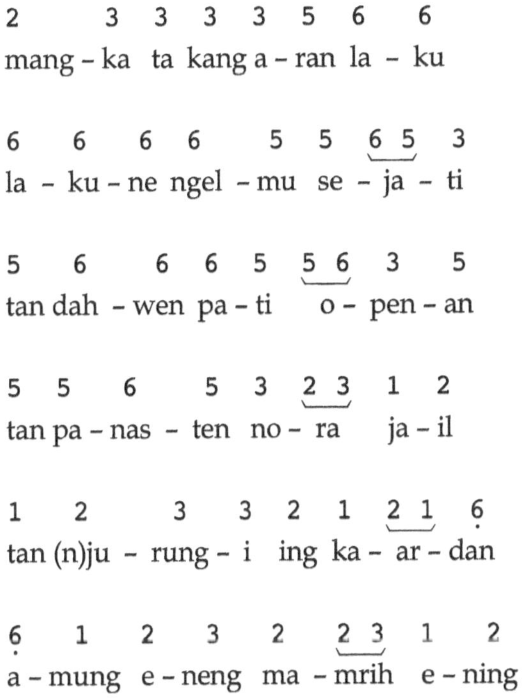

Kinanthi Sekar Gadhung, Pelog Bem

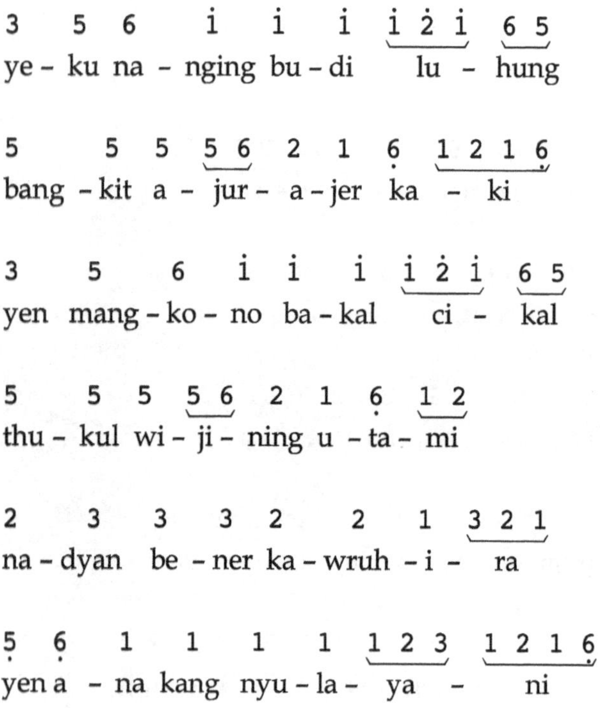

Kinanthi Suradiwangsa, Pelog Nem

i 2 2 2 3 1 2 5 6
tur kang nyu – la – ya – ni   i – ku

3 5 5 5 6 2 2 2 1 6
wus wruh yen ka – wruh – e   nem – pil

i 2 2 2 3 1 2 5 6
na – nging la – ir – e   a – nga – lah

3 5 6 5 3 2 3 1 2
ka – ti – ngal – a   a – nge – mor – i

2 3 3 3 2 2 3 2 1
mung nge – nak – i tyas – ing   li – yan

1 2 2 2 3 1 2 1 6
a – ywa e – sak a – ywa se – rik

Kinanthi Turu-lare, Pelog Nem

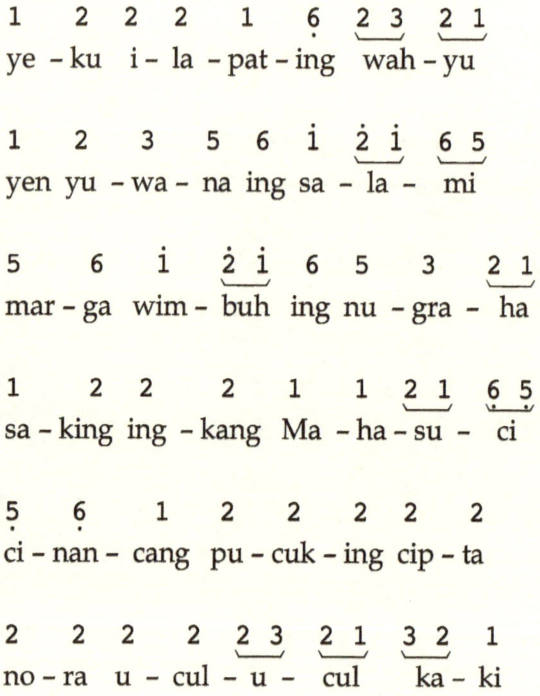

Kinanthi Wirotama, Pelog Barang

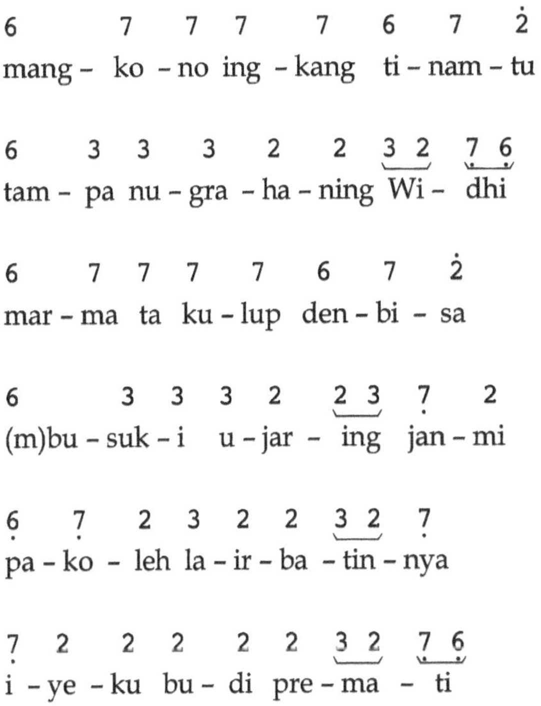

Maskumambang Dhadhapan, Pelog Lima

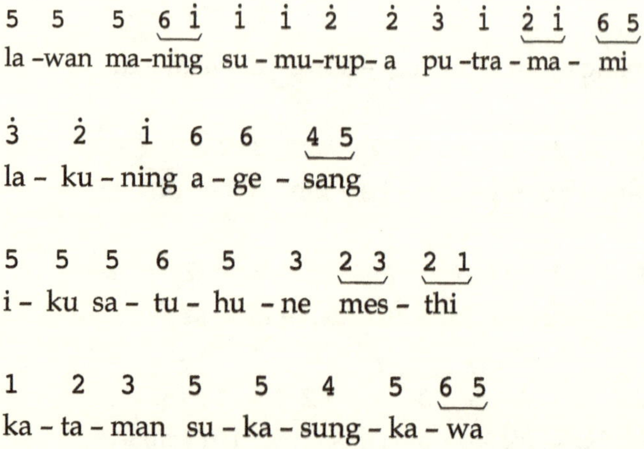

Maskumambang Kembang Tiba, Pelog Lima

Maskumambang Limaran, Pelog Lima

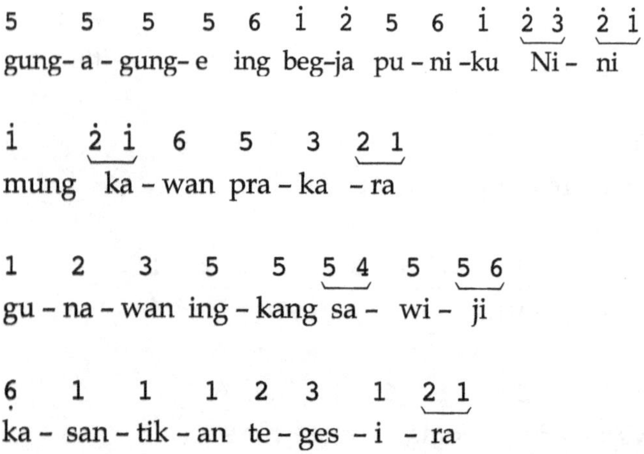

Maskumambang Malatsih, Pelog Lima

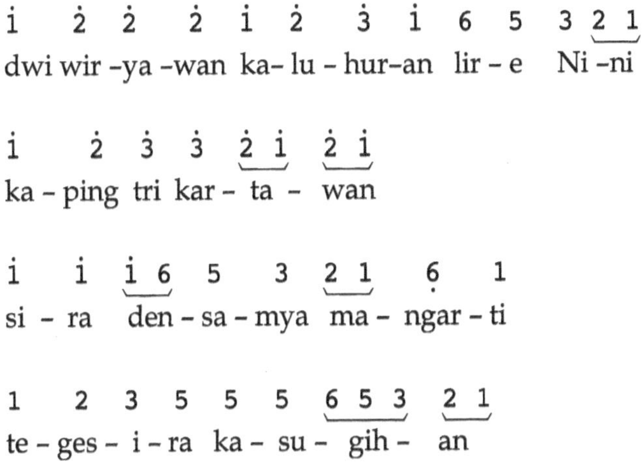

i 2̇ 2̇ 2̇ i̇ 2̇ 3̇ i̇ 6 5 3 2 1
dwi wir –ya –wan ka– lu – hur–an lir – e   Ni –ni

i   2̇ 3̇ 3̇ 2̇ i̇ 2̇ i̇
ka – ping tri kar – ta – wan

i   i̇ i̇ 6 5   3 2 1   6̣   1
si – ra   den – sa – mya ma – ngar – ti

1   2 3 5 5 5 6 5 3 2 1
te – ges – i – ra ka – su – gih – an

Maskumambang Mangkubumen, Pelog Barang

Maskumambang Natakusuman, Pelog Barang

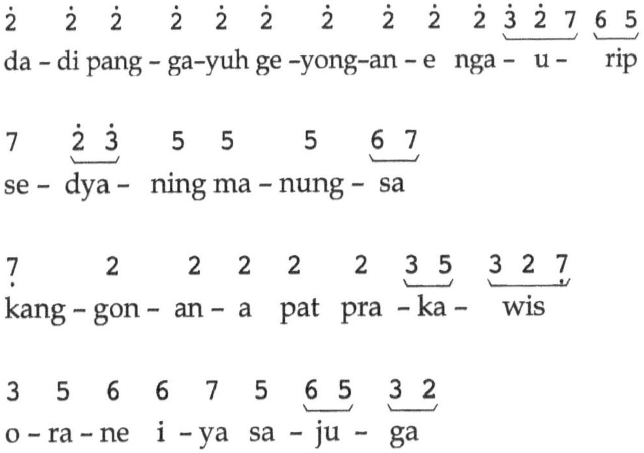

Maskumambang Rencasih, Pelog Nem

Mijil Dhadhapan, Pelog Barang

3   3   5   6   6   6   6   6   6 7 5
a – rang ing – kang ne – dya ma – les ing sih

3   2   2   3 2 7   6
ing gus – ti sang Ka – tong

7   2   2   2 2   2   2   2   3 2 7
la – wan ma – neh i – ku ing ba – tin – e

6   7   2   3   2   7   7   7   7   7
no – ra ne – dya na – ri – meng Hyang Wi – dhi

2   3   3   3   3   3
i – ku wong kang tan wrin

2   7   2   2   3 2 7 6
ing nik – mat ran – i – pun

Mijil Dhadhapan, Pelog Nem

Mijil Dhomas, Pelog Barang

3　　5　6　　7　7　　　7　7　<u>7 6</u>　7　　2̇
u – wis pin – ter　na – nging i – ku　mak – sih

6　　　　3　2　<u>2 3</u>　7̣　2
(ng)gon – i – ra　ngu – pa – dos

5　　6　　6　6　5　6　　7　<u>5 6</u>　2　3
un – dhak – i – ra　ing　ka – pin – ter – an – e

3　5　　6　　6　5　　6　　7　　5　<u>6 5</u>　3
lan un – dhak – e　ka – wruh　ing – kang yek – ti

3　　5　6　　6　6　　6
du – rung ma – rem　ba – tin

5　6　7　5　<u>6 5</u>　<u>3 2</u>
la – mun du – rung　tu – tug

Mijil Dhuplak, Pelog Barang

6   6   7   2̇   2̇   3̇   2̇   7   6   7
ing pa–nga – wruh ing– kang den–se – neng – i

6   5   5   6 5   3   2
kang wus sem ing   ba – tos

2   3   5   5   5   6   7   5 6   2   3
mi – wah ing ka – pin – ter – an wus de – ne

7̣   2   3   2   2   7̣   6̣   7̣   2   3
sa– mu– ba – rang pa – kar – yan wus en – ting

6   7   2̇   6   7   2̇
no – ra na – na   la – li

6   3   2   3   7̣   2
ka – beh wus ka – weng – ku

Mijil Kembang Tiba, Pelog Barang

3 3   5   6   7   2̇ 2̇   2̇   2̇ 3̇ 2̇
lan ma – ning – e   ba – bo den – pa – ke – ling

7   6   5   3   5 6   6
ing pi – tu – tur – i – ngong

6   7   2̇   2̇ 3̇   6   3   2   2   3 2   7̣
si – ra   u – ga   pa – dha ngem – pek – em – pek

6̣   7̣   2   3   2   2   2   3 2   3   5
i – ya ma – rang kang ju – me – neng   a – ji

5   6   6   6   6 7   5 6
ing la – ir myang   ba – tin

3   2   7̣   2   2 3   6̣
den – ngra – sa   ing   kal – bu

Mijil Larasati, Pelog Barang

7   7   7   7   6   6   6   7 6   7   2̇
kang ju – me – neng na – ta am – ba – wa – ni

2̇   3̇ 2̇   7   6 7   5   6
wus kar – seng Hyang Ma – non

5   6   7   7   6   5 6   2   2   3 2   7
wa – jib pa – dha bek – ti   lan we – di – ne

6̣   7̣   2   3   2   2   2   2   3 2   7
a – ja mam – pang pa – ren – tah – ing   a – ji

5   6   6   6 7   5   6
na – dyan a – nom u – gi

3   2   2   3 2   7̣   6̣
la – mun da – di   ra – tu

Mijil Ludira, Pelog Barang

Mijil Pamular, Pelog Nem

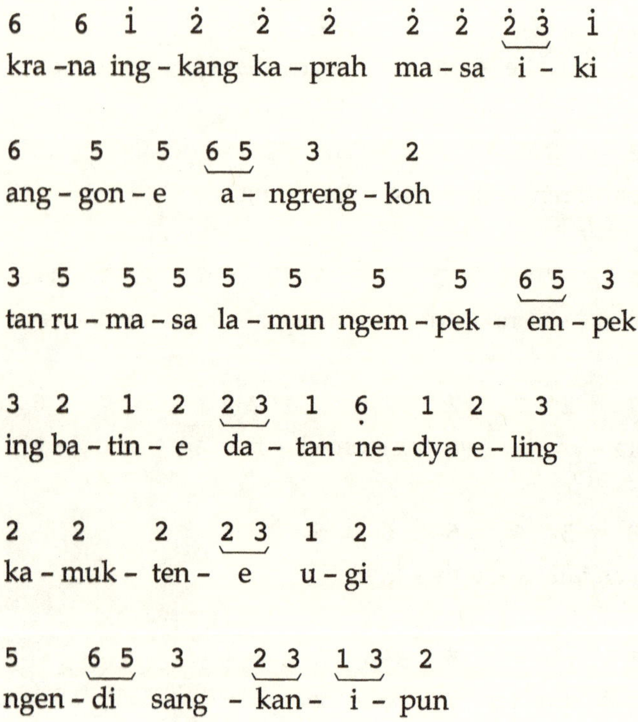

Mijil Malatsih, Pelog Nem

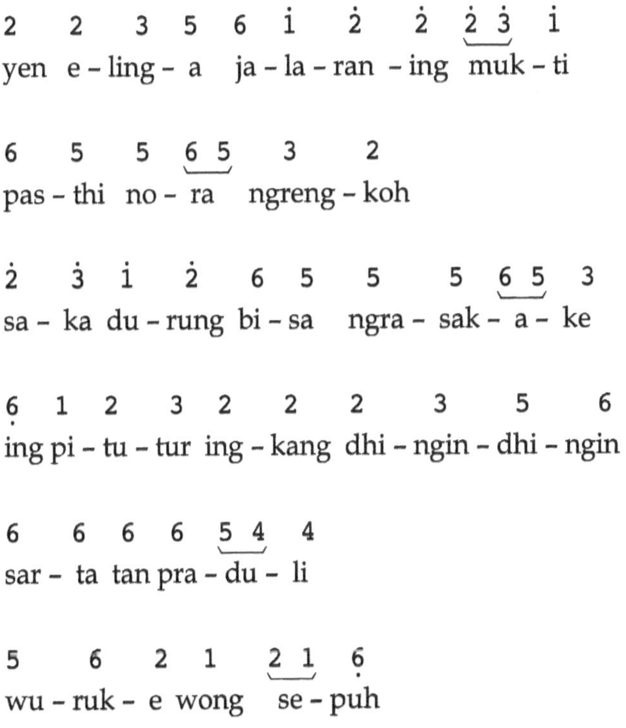

Mijil Mas Kentar, Pelog Barang

Mijil Mas Kentar, Pelog Nem

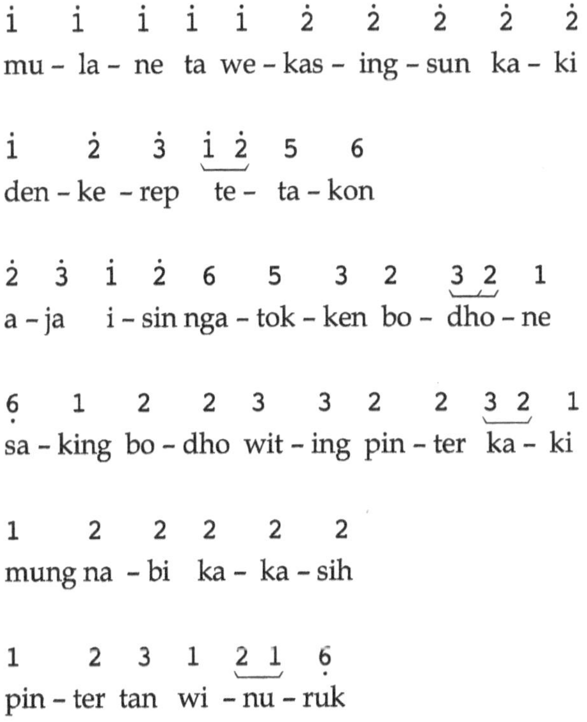

Mijil Rara Manglung, Pelog Nem

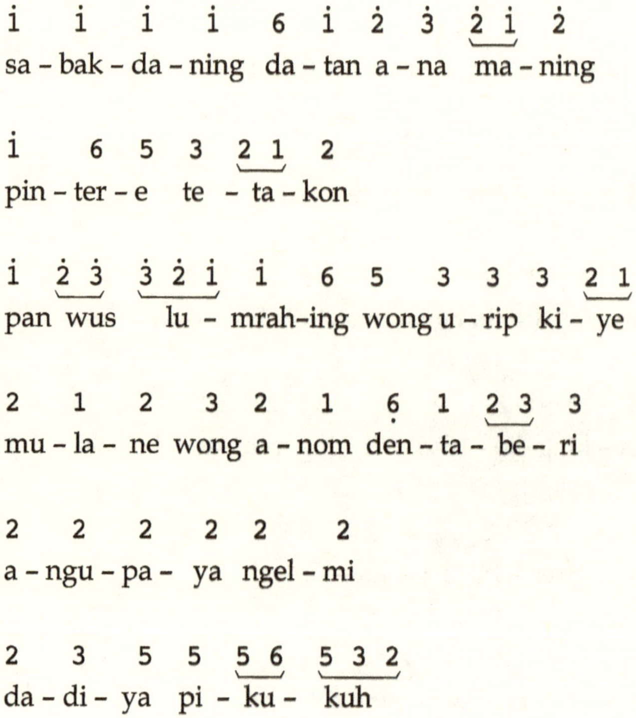

Mijil Rencasih, Pelog Nem

Mijil Sukasih, Pelog Nem

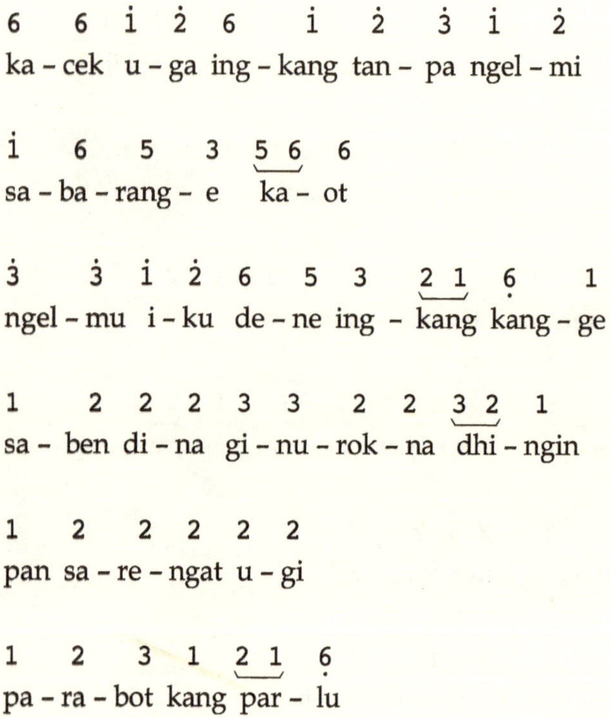

Mijil Sulastri, Pelog Barang

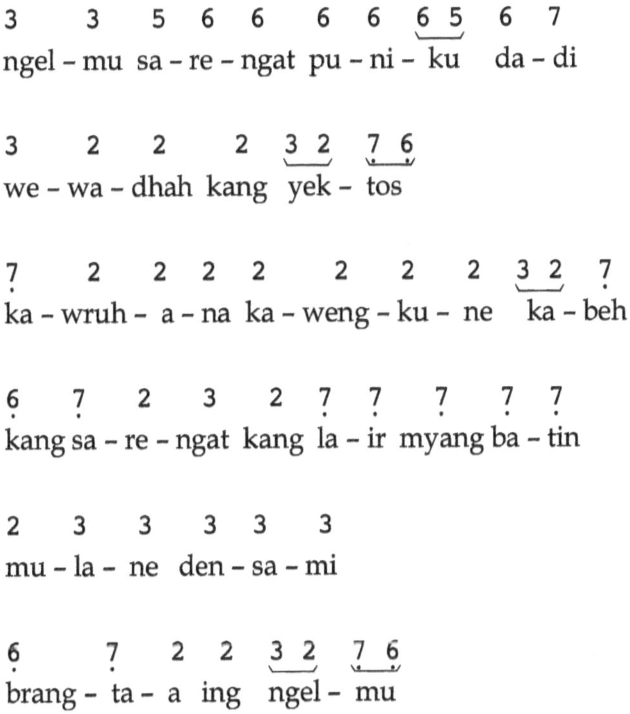

Mijil Sulastri Mandraswara, Pelog Barang

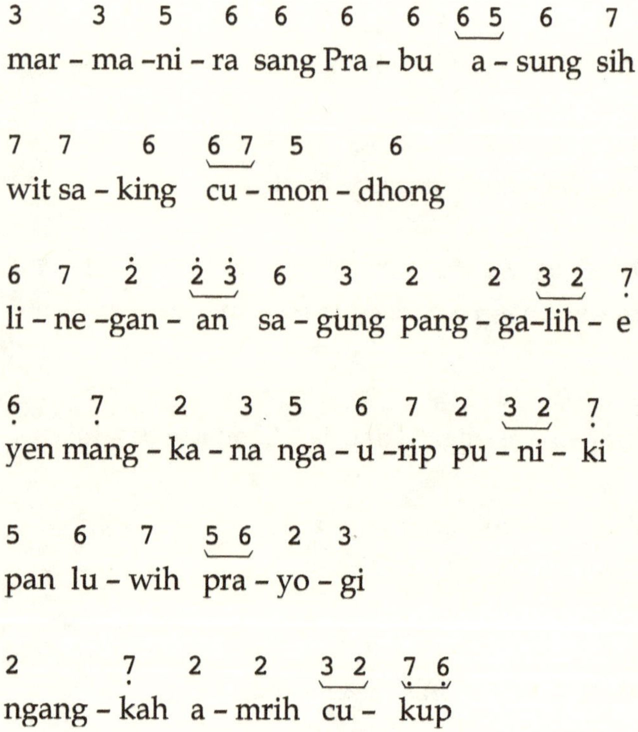

Mijil Tunjung Seta, Pelog Nem

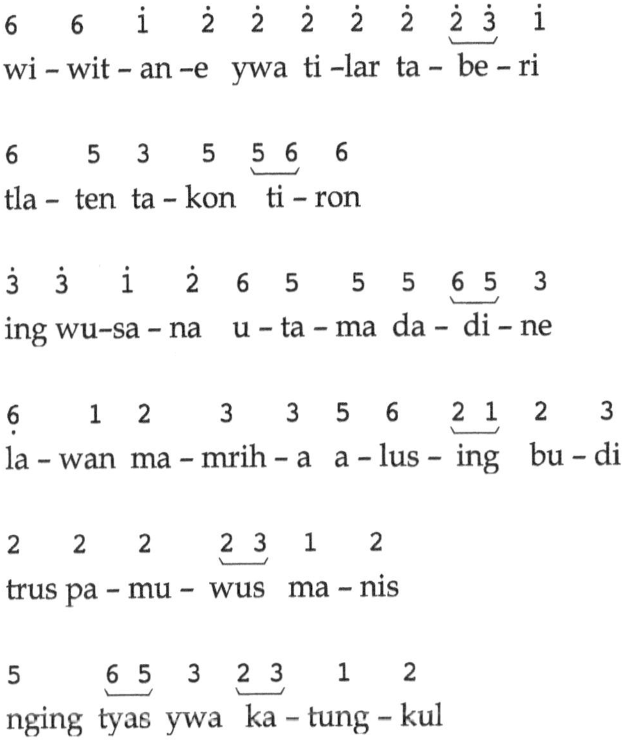

6   6   i̇   2̇   2̇   2̇   2̇   2̇   2̇ 3̇   i̇
wi – wit – an –e   ywa ti –lar ta – be – ri

6   5   3   5   5 6   6
tla – ten ta – kon   ti – ron

3̣   3̣   i̇   2̇   6   5   5   5   6 5   3
ing wu–sa – na   u – ta – ma da – di – ne

6̣   1   2   3   3   5   6   2 1   2   3
la – wan ma – mrih – a   a – lus – ing   bu – di

2   2   2   2 3   1   2
trus pa – mu – wus   ma – nis

5   6 5   3   2 3   1   2
nging tyas ywa   ka – tung – kul

Mijil Wedharing Tyas, Pelog Lima

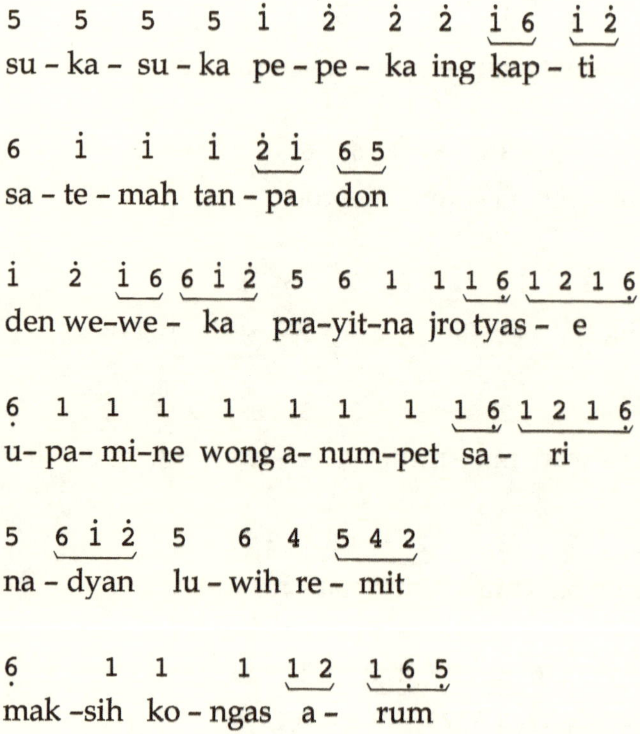

Pangkur Dhadhap-kasmaran, Pelog Lima

6̣   1   1   1   1   2   3   3
ming – kar – ming – kur– ing u – ka – ra

3   3   2 1   2 3   2   1   1   1   1   1   1
a– ka – ra –   na   ka – re – nan mar – di si – wi

5   6   i   i   i   i   i 2̇   2̇
si – na – wung res – mi – ning ki – dung

6   5   5   5   5   5   4 5
si – nu – ba si – nu – kar – ta

5   5   5   6   1   1   1   1   1   2   3   3
mrih kre-tar- ta pa –kar –ti – ning ngel–mu lu – hung

6̣   1   1   1   1   1   1   1
kang tu – mrap ing ta – nah Ja – wa

1   2   3   5   5   5   6 5 3   2 1
a – ga – ma a – gem– ing a –   ji

Pangkur Dhudha Kasmaran, Pelog Barang

Pangkur Dhudha Kasmaran, Pelog Lima

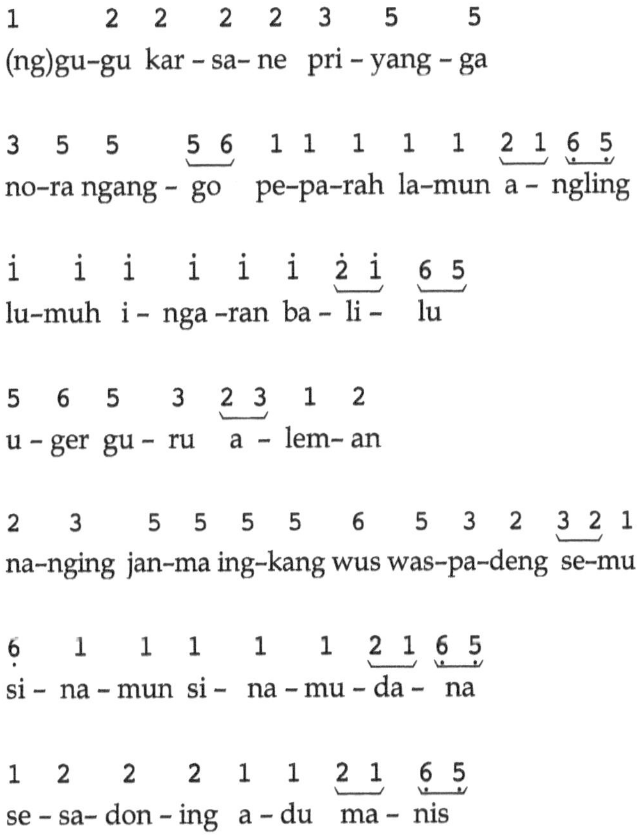

Pangkur Dhudha Kasmaran (2), Pelog Lima

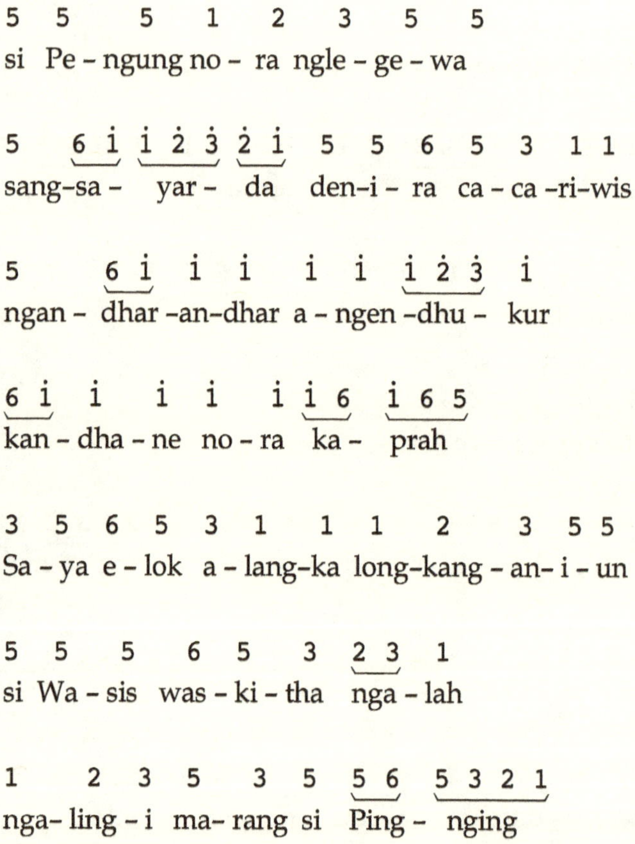

Pangkur Gagat-kasmaran, Pelog Lima

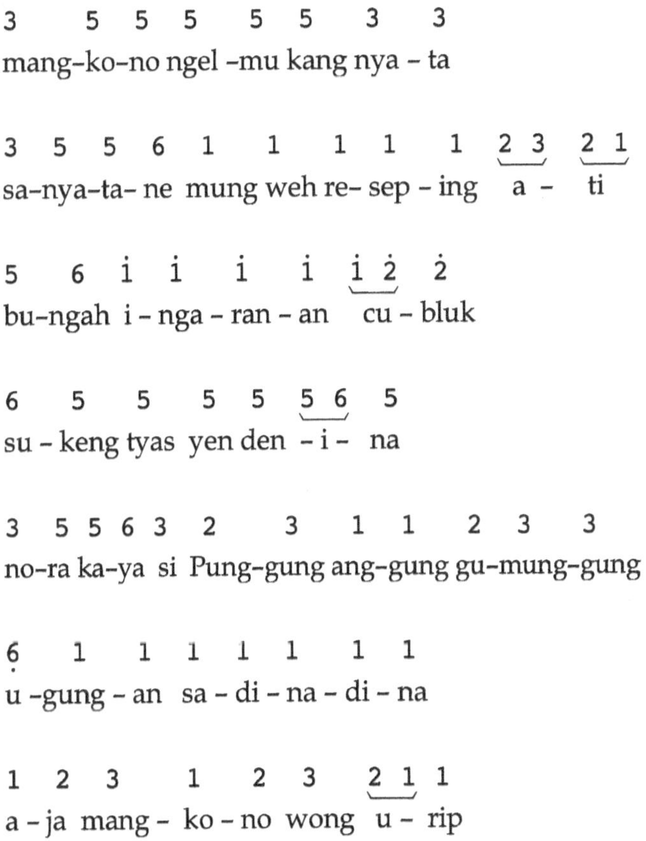

Pangkur Kasmaran, Pelog Lima

6̣ 1 1 1   1 2 3   3
u – rip – a   sa – pi – san ru – sak

3   3 2   3 2 1   6̣ 1 2 3   2 1
no – ra mu – lur na – lar – e ting sa – lu – wir

5   6 i̇ i̇ i̇   2̇   2̇ 2̇
ka – di   ta gu – wa kang si – rung

6   5   5 5   5   6 5   3
si – ne – rang ing ma – ru – ta

3 3 2   3   2 1 1   1 6̣ 1   2   3
gu–ma–reng–geng ang–ge–reng ang–gung gu–mrung–gung

2   1 1   1   1 1 1   1
pin – dha pa – dha – ne si Mu – dha

1   2   3 3   2   2   3 2   1
pran–de – ne pak – sa ku – ma – ki

Pangkur Kembang Tiba, Pelog Barang

Pangkur Nyamat Mas, Pelog Nem

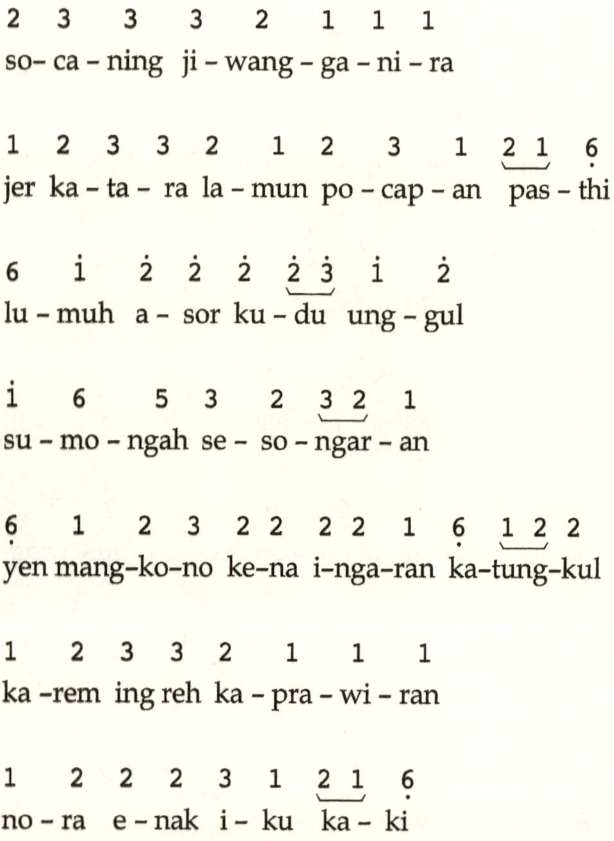

Pangkur Paripurna, Pelog Barang

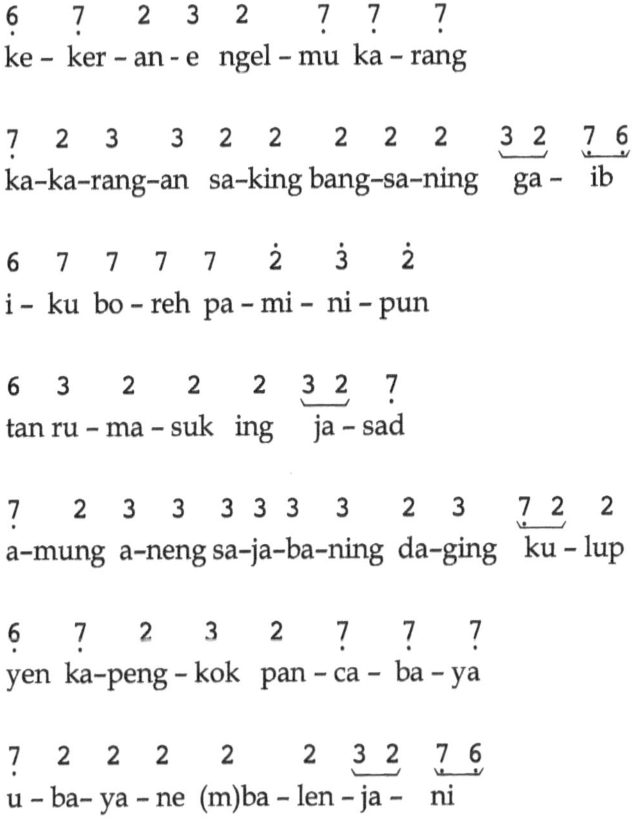

6 7 2 3 2 7 7 7
ke – ker – an - e ngel – mu ka – rang

7 2 3 3 2 2 2 2 2 3 2 7 6
ka-ka-rang-an sa–king bang–sa-ning ga – ib

6 7 7 7 7 2 3 2
i – ku bo – reh pa – mi – ni – pun

6 3 2 2 2 3 2 7
tan ru – ma – suk ing ja – sad

7 2 3 3 3 3 3 3 2 3 7 2 2
a–mung a–neng sa–ja–ba–ning da–ging ku – lup

6 7 2 3 2 7 7 7
yen ka–peng – kok pan – ca – ba – ya

7 2 2 2 2 2 3 2 7 6
u – ba– ya – ne (m)ba – len – ja – ni

Pangkur Paripurna, Pelog Lima

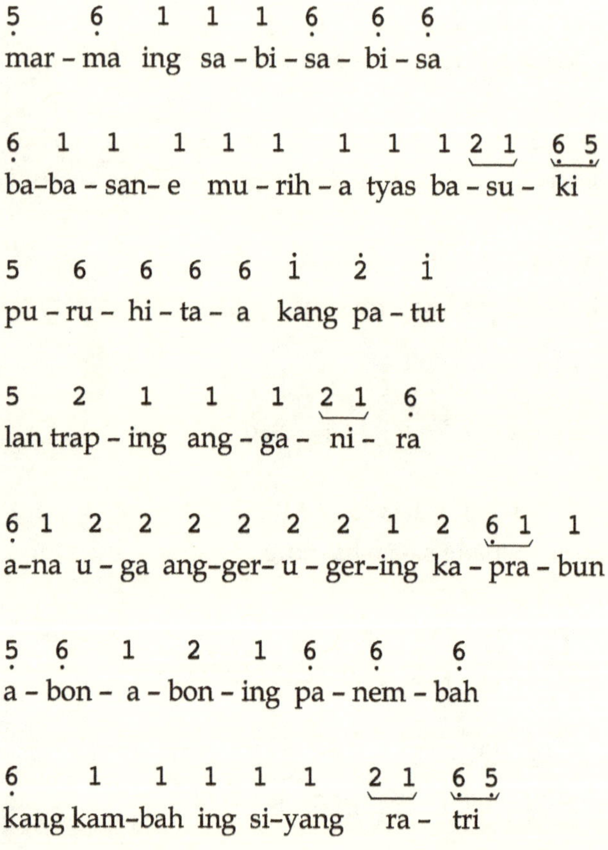

Pangkur Tinjomaya, Pelog Lima

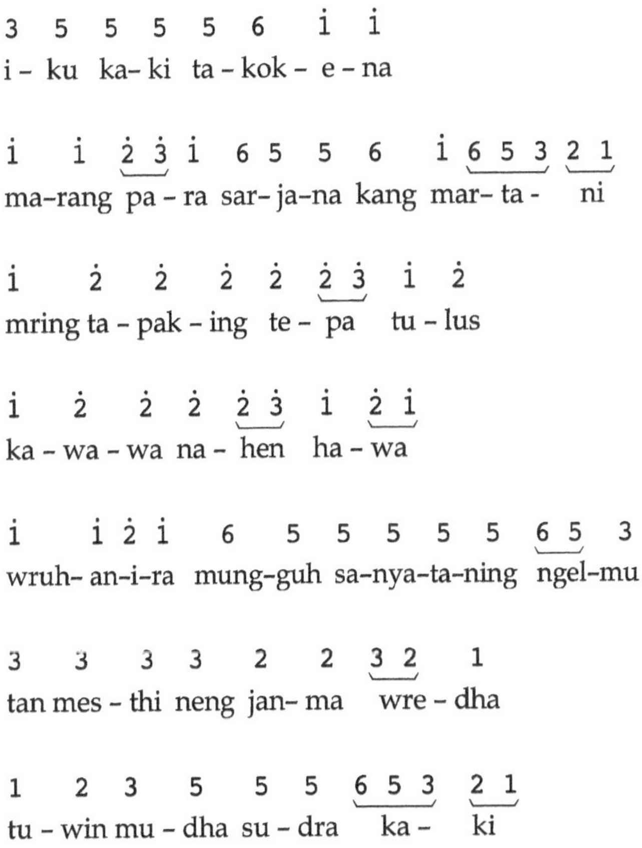

```
3  5   5   5   5   6    i̇  i̇
i- ku ka- ki  ta - kok - e - na
```

```
i̇   i̇   2̇ 3̇ i̇   6 5   5   6    i̇  6 5 3   2 1
ma-rang pa - ra sar-ja-na kang mar- ta -    ni
```

```
i̇   2̇   2̇   2̇   2̇   2̇ 3̇  i̇  2̇
mring ta - pak - ing  te - pa    tu - lus
```

```
i̇   2̇   2̇   2̇   2̇ 3̇  i̇  2̇ i̇
ka - wa - wa  na - hen   ha - wa
```

```
i̇    i̇ 2̇ i̇   6    5   5   5   5   5   6 5   3
wruh- an-i-ra  mung-guh sa-nya-ta-ning  ngel-mu
```

```
3   3   3   3   2   2   3 2   1
tan mes - thi neng jan- ma   wre - dha
```

```
1   2   3   5   5   5   6 5 3   2 1
tu - win mu - dha su - dra   ka -   ki
```

Pocung Dhengklung, Pelog Barang

Pocung Dhengklung, Pelog Lima

5̣ 6̣ 1 2   3 5 6 5 3   2 1   2
ang-ka-ra gung neng ang-ga ang-gung gu-mu-lung

2   3   2   1 2 5̣ 6̣
go – go – long – an – i – ra

2   2 2 2 3 1 6̣   5̣
tri – lo – ka le – ker- e kong- si

5̣   6̣ 6̣ 6̣   6̣ 6̣ 1 5̣ 6̣ 1 2 3 2 1
yen den um-bar am – ba-bar da- di ru – be – da

Pocung Dhengklung-ngungun, Pelog Barang

6   6   6   6   6   7   7   5   6   7   7   6
be–da la–mun kang wus seng–sem reh nga–sa–mun

6   7   7   6   5   3
se – mu – ne ngak – sa – ma

6   6   5   7   6   5   3   2
sa – sa – ma – ne bang – sa si – sip

2   3   5   6   5   5   3   2   3   5   6 5   5
sar–wa sa–reh sa–king mar–di mar–to – ta – ma

Pocung Dhengklung-ngungun, Pelog Nem

2   3   5   6   i̇   2̇   2̇   2̇   i̇   6   5   6
ta–man li–mut dur–ga–meng tyas kang weh lim–put

6   5   5   6   5   3
ke – rem ing ka – ra – mat

3   5   6   5   3   2   1   2
ka – ra – na ka – rob – an ing sih

2   3   5   6   5   5   3   2   3   5   6 5
sih–ing Suk–ma ngreb–da sa–har–di geng– i – ra

Pocung Dhuplak, Pelog Barang

6 i 2̇ 2̇ 2̇ 2̇ 3̇ i 6 5 3 6
du-rung pe-cus ke- su – su ka- se – lak be- sus

i 2̇ 2̇ i i 2̇ 3̇
a – mak – na – ni la – pal

3̇ 3̇ i 2̇ i 6 i 2̇
ka – ya sa – yid we – ton Me – sir

2̇ 2̇ 2̇ 2̇ i 2̇ 3̇ i 6 5 3 5 6
pen–dhak–pen–dhak a–ngen–dhak gu–na–ning jan– ma

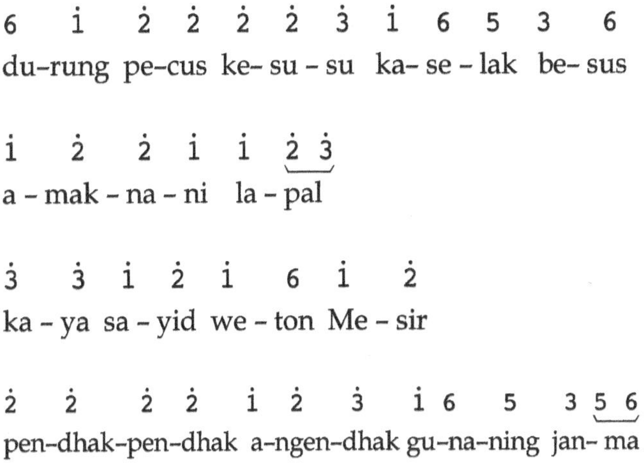

Pocung Gliyung, Pelog Barang

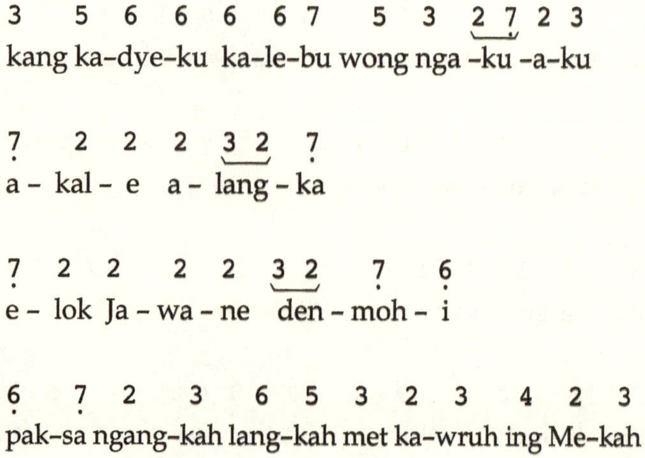

3   5   6 6 6 6 7   5   3   2 7 2 3
kang ka–dye-ku ka-le-bu wong nga -ku -a-ku

7   2 2 2 3 2 7
a – kal – e a – lang – ka

7 2 2   2 2 3 2   7   6
e – lok Ja – wa – ne den – moh – i

6   7 2   3   6 5 3 2 3   4 2 3
pak–sa ngang–kah lang–kah met ka-wruh ing Me-kah

Pocung Gliyung, Pelog Nem

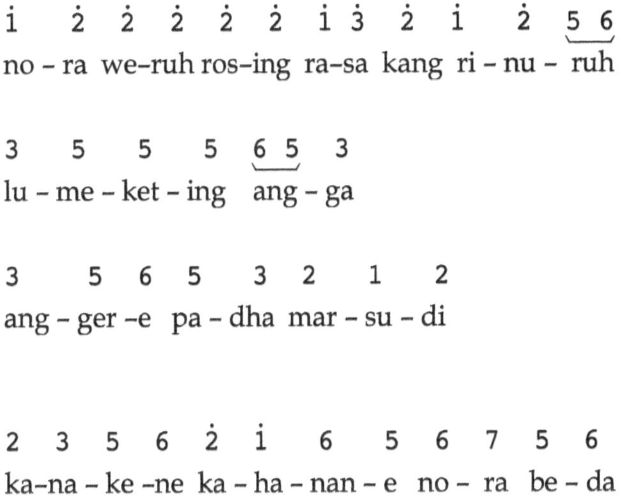

Pocung Klenthung, Pelog Barang

5 6 6 6 6 7 6   5 3   6   5 3
u- ger lu–gu den ta mrih pra–leb–deng kal–bu

5   6 7 2 3 2 7
yen ka – bul ka – bu – ka

3   2 7 2   3   2 7 6
ing dra – jat ka – jat – ing u – rip

6 7 2   3   2 2 7   6 7 2 3 2 2
ka–ya kang wus wi–nah–yeng se–kar Sri Na– ta

Pocung Lebda-jiwa, Pelog Lima

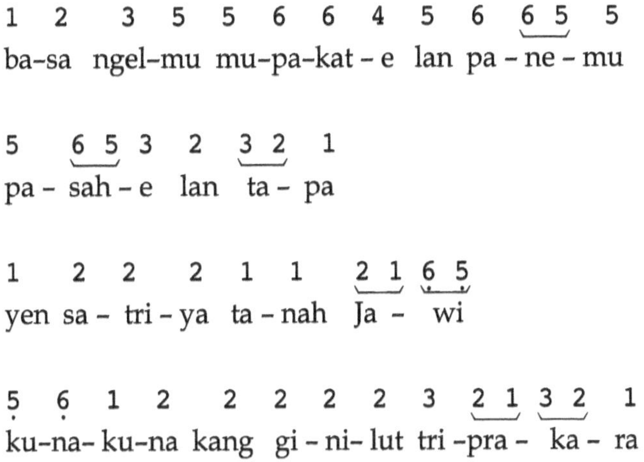

Pocung Linduran, Pelog Barang

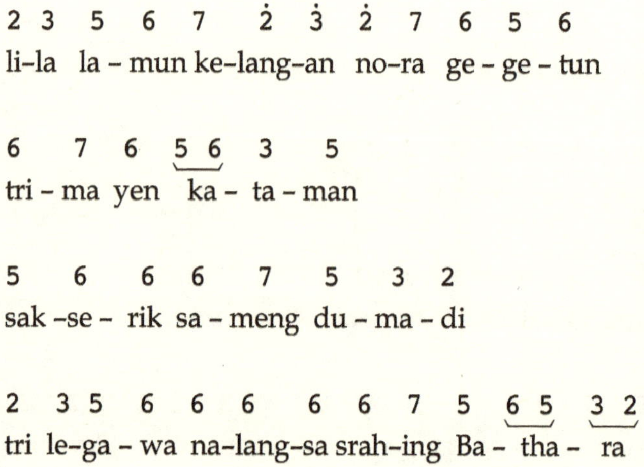

Pocung Natakusuman, Pelog Barang

5   5 5 5 5 6 6   7   5 6 2 3
Ba-tha- ra gung i- ngu-ger gran-ing ja-jan- tung

3   2   2   2   3 2 7
je – nak Hyang Wi – se – sa

7   2 2   2   2 3 2 7 6
sa – na pa – se – net – en Su – ci

3 5 6 6 6 6 5   7 6   5   3 2 3
no-ra ka – ya si Mu-dha mu-dhar ang -ka – ra

Pocung Randha Semaya, Pelog Barang

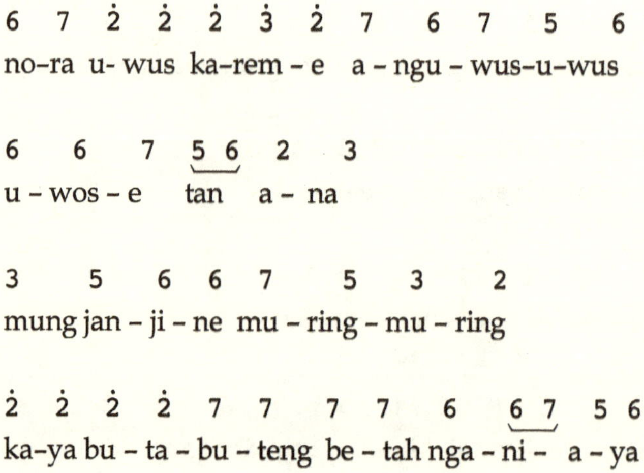

Pocung Tinjomaya, Pelog Lima

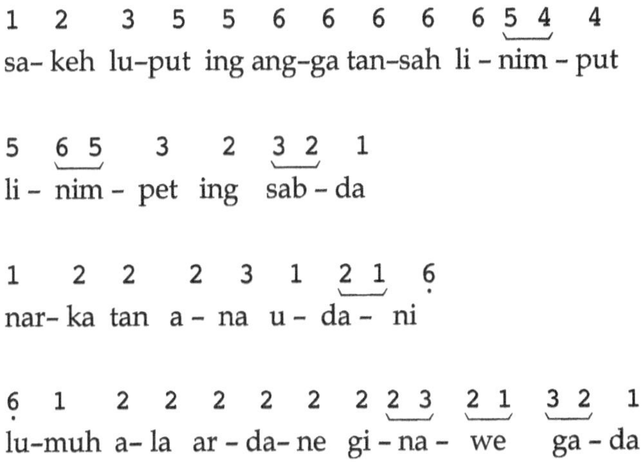

Sinom Gadhung-mlathi, Pelog Nem

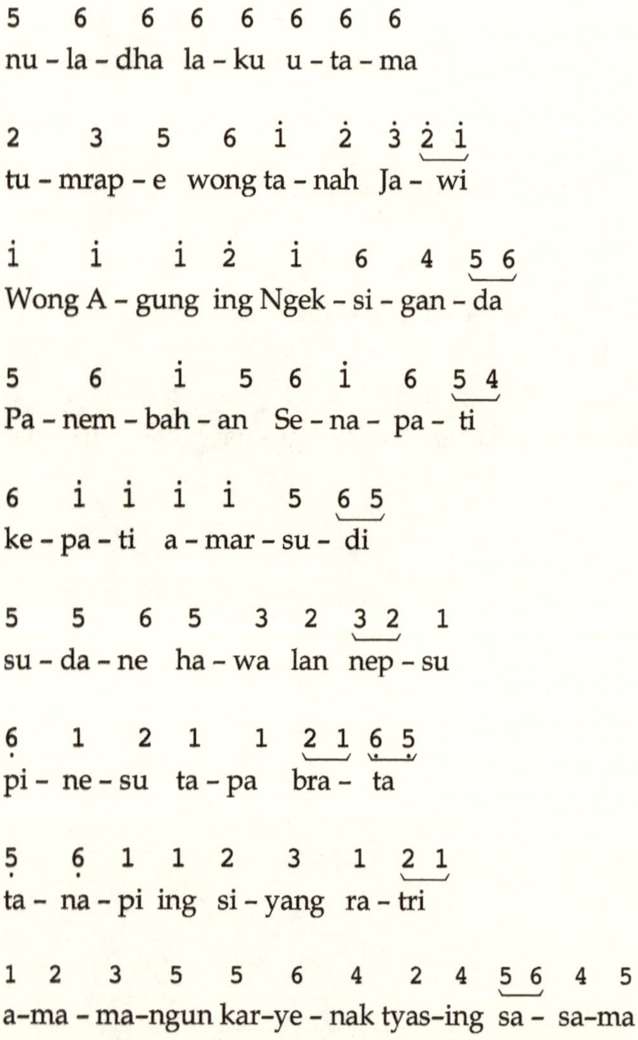

5 6 6 6 6 6 6 6
nu – la – dha la – ku u – ta – ma

2 3 5 6 i 2̇ 3̇ 2̇ i
tu – mrap – e wong ta – nah Ja – wi

i i i 2̇ i 6 4 5 6
Wong A – gung ing Ngek – si – gan – da

5 6 i 5 6 i 6 5 4
Pa – nem – bah – an Se – na – pa – ti

6 i i i i 5 6 5
ke – pa – ti a – mar – su – di

5 5 6 5 3 2 3 2 1
su – da – ne ha – wa lan nep – su

6̣ 1 2 1 1 2 1 6 5
pi – ne – su ta – pa bra – ta

5̣ 6̣ 1 1 2 3 1 2 1
ta – na – pi ing si – yang ra – tri

1 2 3 5 5 6 4 2 4 5 6 4 5
a–ma – ma–ngun kar–ye – nak tyas–ing sa – sa–ma

Sinom Gagatan, Pelog Nem

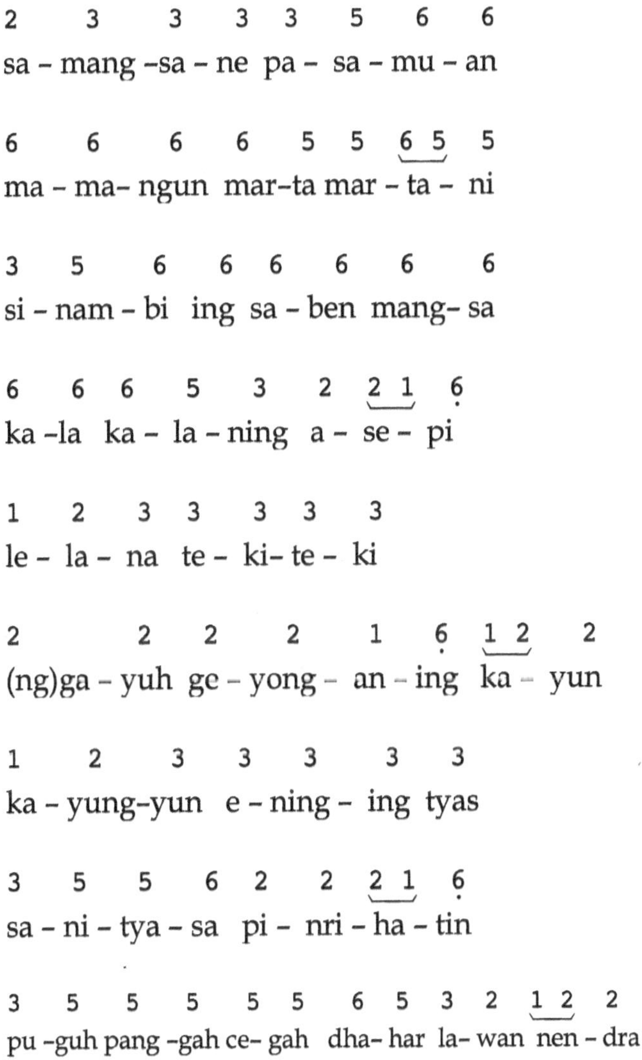

Sinom Grandhel, Pelog Barang

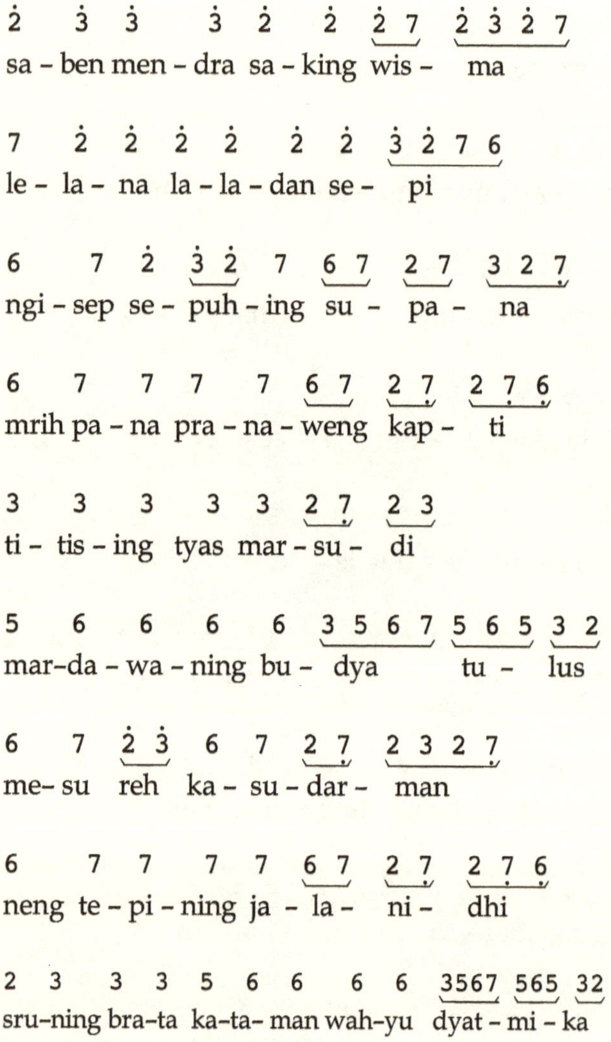

Sinom Grandhel, Pelog Nem

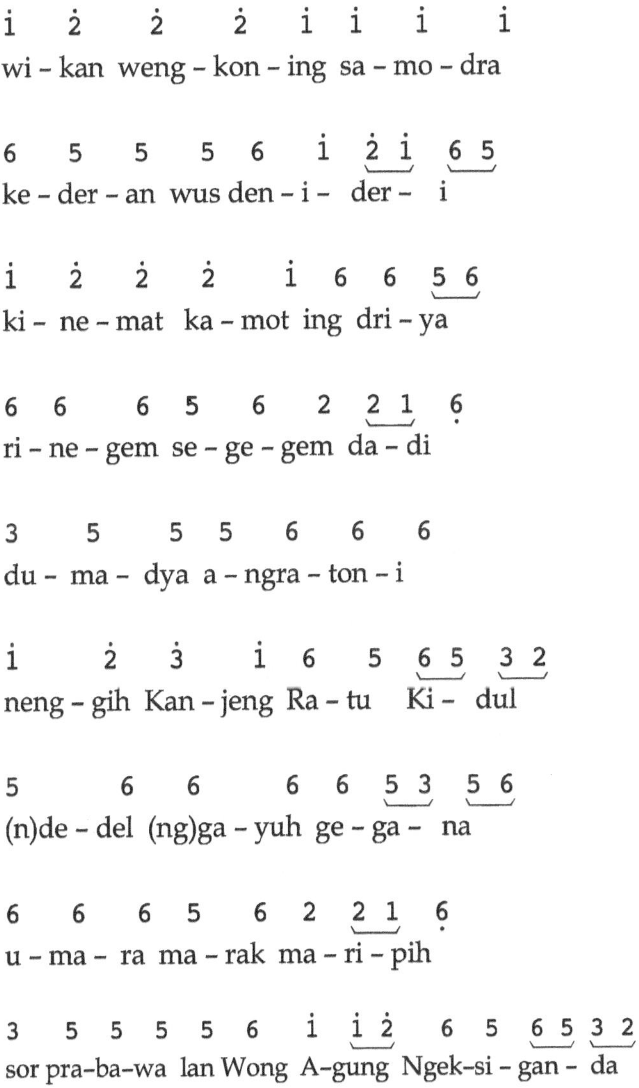

i ị̇ ị̇ ị̇ i i i i
wi - kan weng - kon - ing sa - mo - dra

6 5 5 5 6 i ị̇ i 6 5
ke - der - an wus den - i - der - i

i ị̇ ị̇ ị̇ i 6 6 5 6
ki - ne - mat ka - mot ing dri - ya

6 6 6 5 6 2 2 1 6̣
ri - ne - gem se - ge - gem da - di

3 5 5 5 6 6 6
du - ma - dya a - ngra - ton - i

i ị̇ 3̇ i 6 5 6 5 3 2
neng - gih Kan - jeng Ra - tu Ki - dul

5 6 6 6 6 5 3 5 6
(n)de - del (ng)ga - yuh ge - ga - na

6 6 6 5 6 2 2 1 6̣
u - ma - ra ma - rak ma - ri - pih

3 5 5 5 5 6 i i ị̇ 6 5 6 5 3 2
sor pra-ba-wa lan Wong A-gung Ngek-si - gan - da

Sinom Grandhel-kocak, Pelog Barang

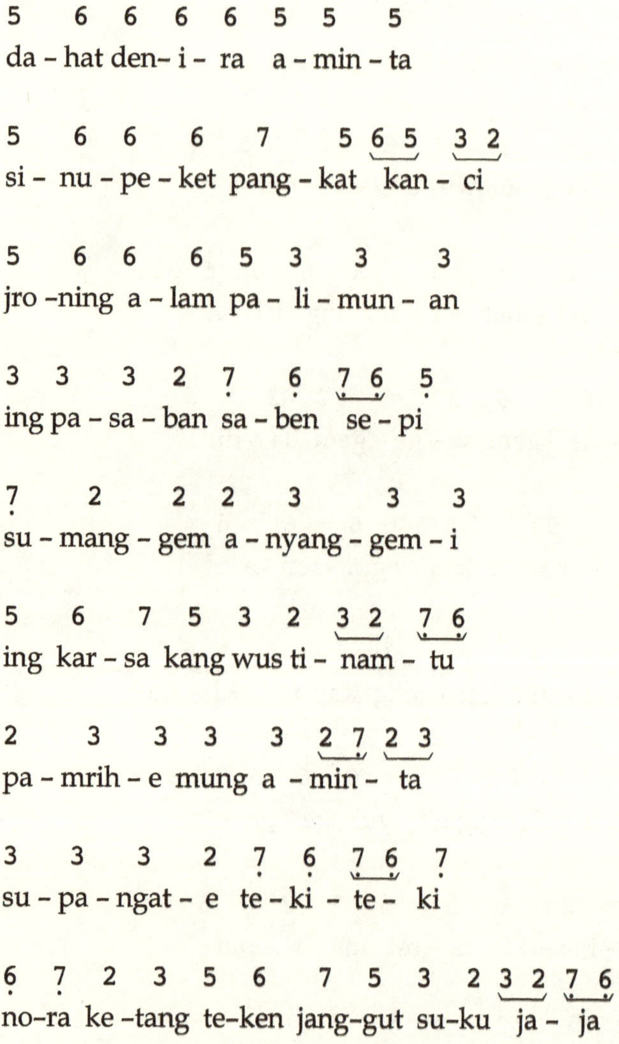

5   6   6   6   6   5   5   5
da – hat den– i – ra   a – min – ta

5   6   6   6   7   5 6 5   3 2
si – nu – pe – ket pang – kat kan – ci

5   6   6   6   5   3   3   3
jro –ning a – lam pa – li – mun – an

3   3   3   2   7   6   7 6   5
ing pa – sa – ban sa – ben se – pi

7   2   2 2   3   3   3
su – mang – gem a – nyang – gem – i

5   6   7   5   3   2   3 2   7 6
ing kar – sa kang wus ti – nam – tu

2   3   3 3   3   2 7   2 3
pa – mrih – e mung a – min – ta

3   3   3   2   7   6   7 6   7
su – pa – ngat – e te – ki – te – ki

6 7 2 3 5 6   7   5   3   2 3 2 7 6
no–ra ke –tang te–ken jang–gut su–ku ja – ja

Sinom Grandhel-lintring, Pelog Nem

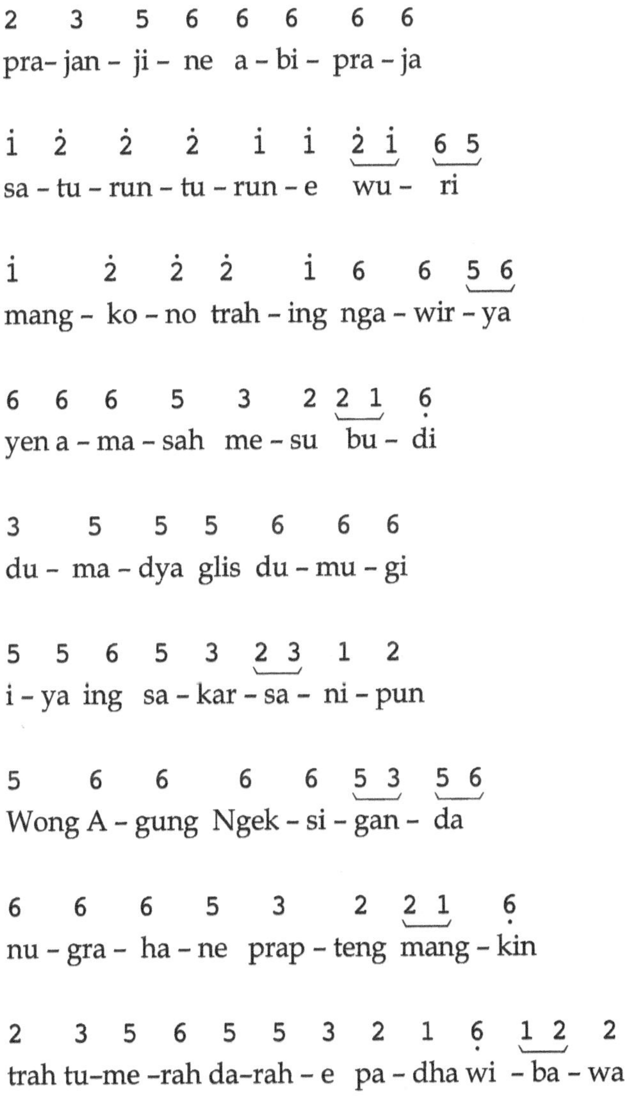

2   3   5   6   6   6   6   6
pra- jan – ji – ne a – bi – pra – ja

i̇   2̇   2̇   2̇   i̇   i̇   2̇ i̇   6 5
sa – tu – run – tu – run – e   wu –   ri

i̇   2̇   2̇ 2̇   i̇   6   6   5 6
mang – ko – no trah – ing nga – wir – ya

6   6   6   5   3   2 2 1   6̣
yen a – ma – sah me – su bu – di

3   5   5   5   6   6   6
du – ma – dya glis du – mu – gi

5   5   6   5   3   2 3   1   2
i – ya ing sa – kar – sa – ni – pun

5   6   6   6   6   5 3   5 6
Wong A – gung Ngek – si – gan – da

6   6   6   5   3   2   2 1   6̣
nu – gra – ha – ne prap – teng mang – kin

2   3   5   6   5   5   3   2   1   6̣   1 2   2
trah tu – me –rah da-rah – e pa – dha wi – ba – wa

Sinom Grandhel-lulut, Pelog Barang

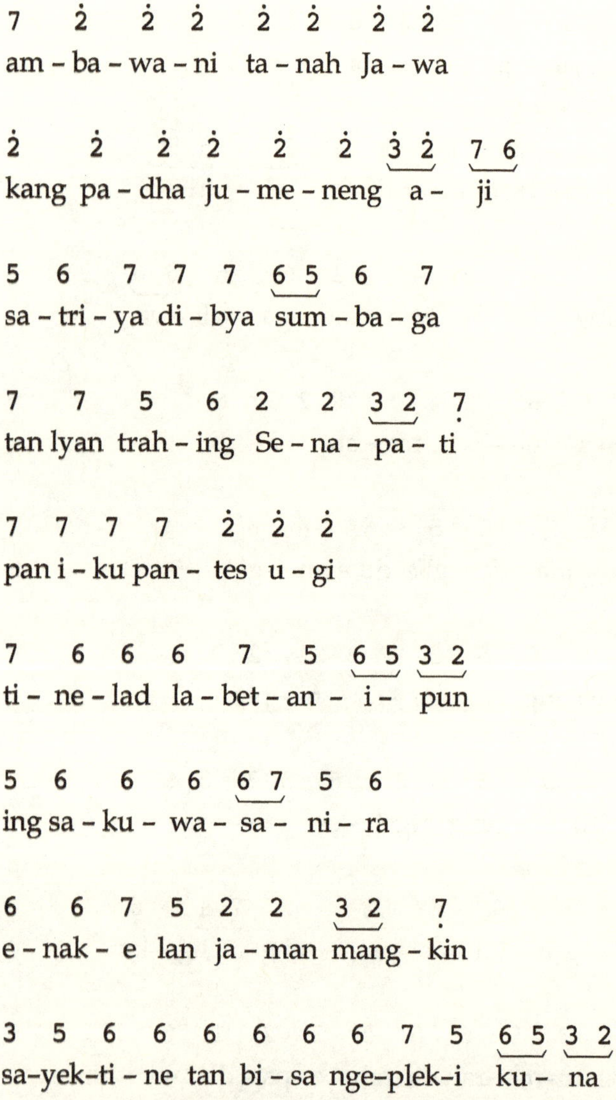

Sinom Kalulut, Pelog Nem

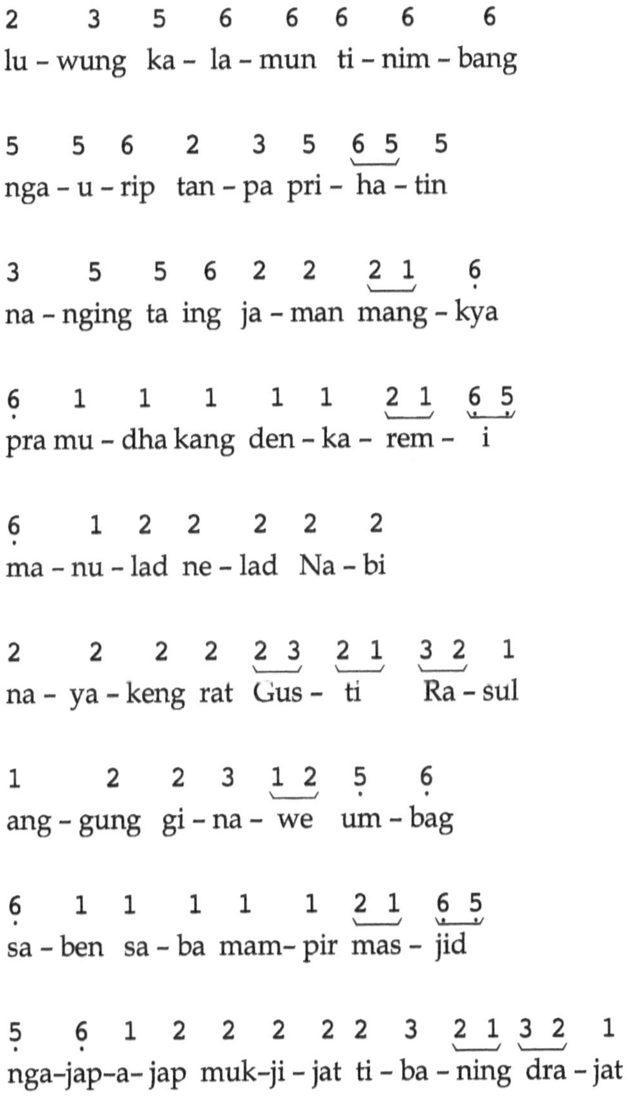

Sinom Kepyur, Pelog Barang

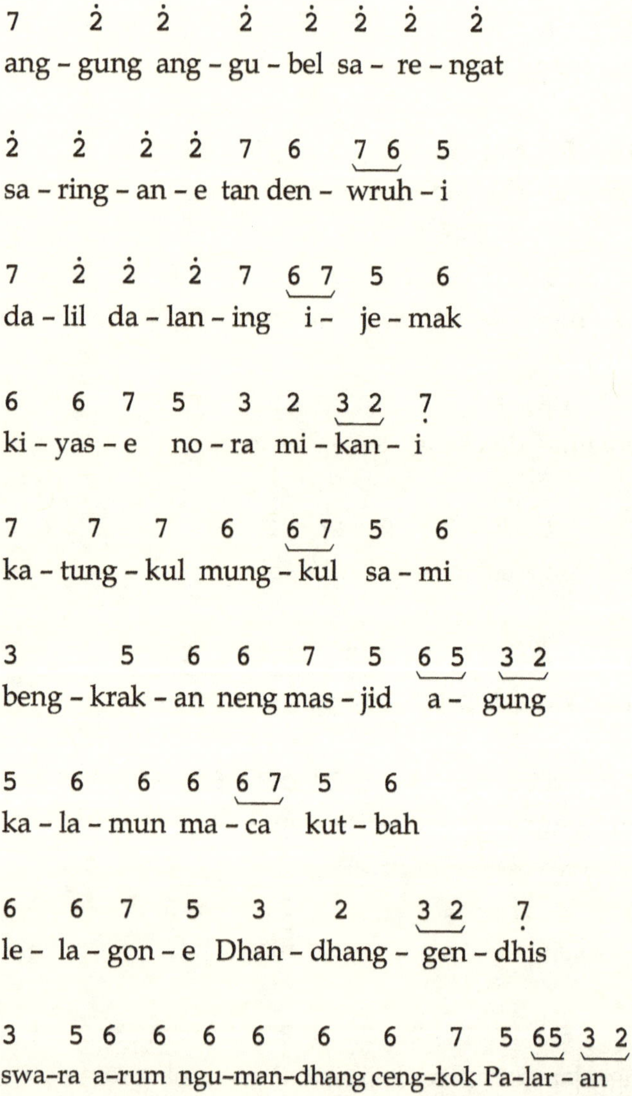

Sinom Logondhang, Pelog Barang

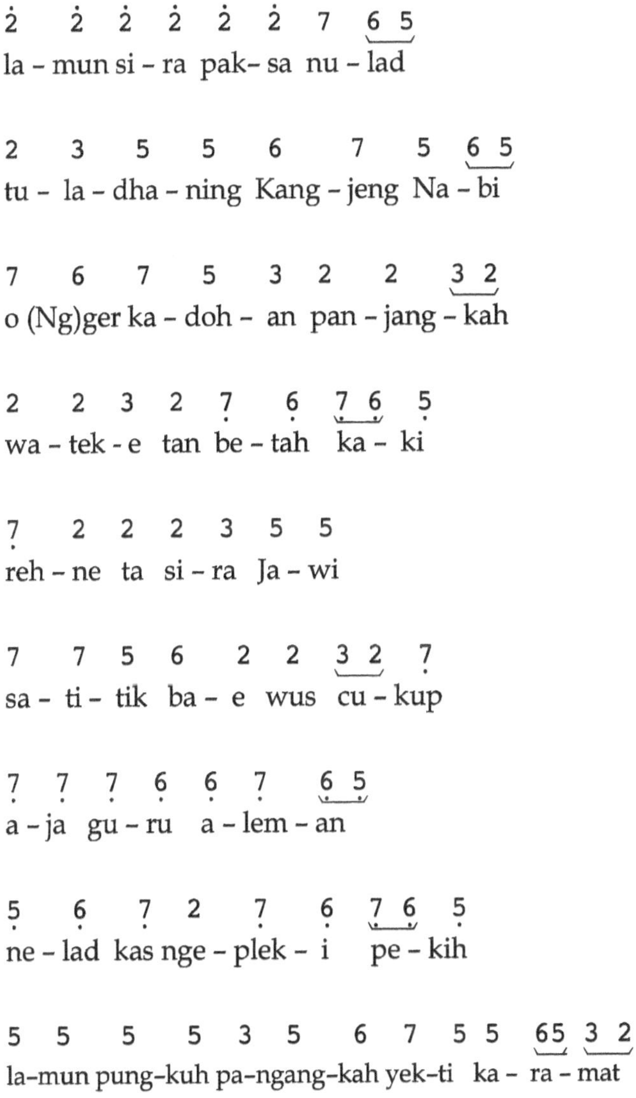

Sinom Logondhang, Pelog Nem

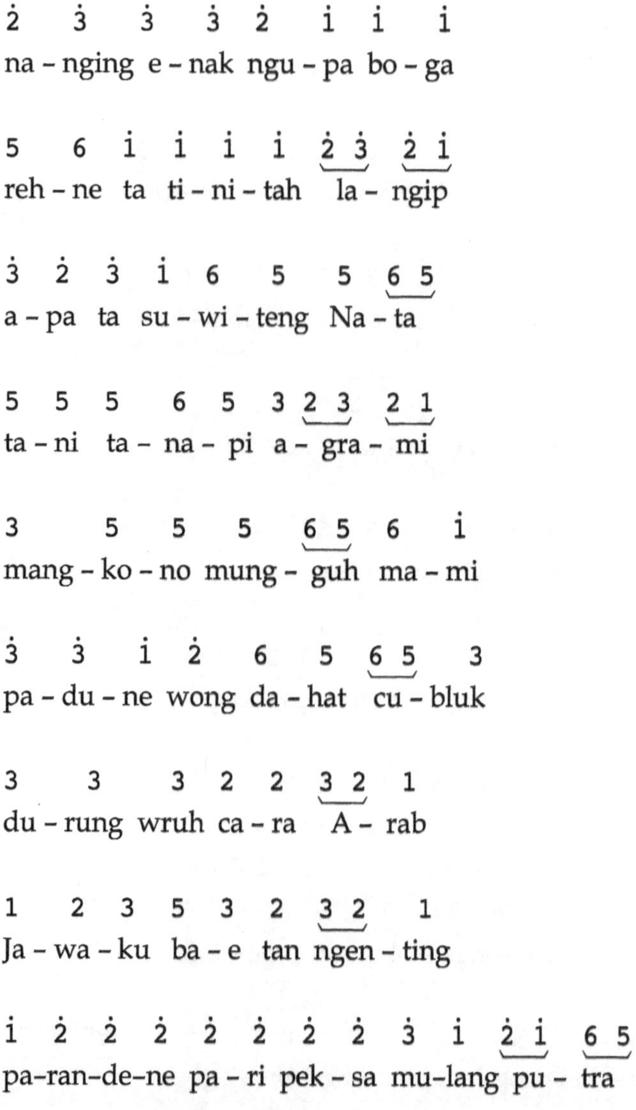

Sinom Malatsih, Pelog Barang

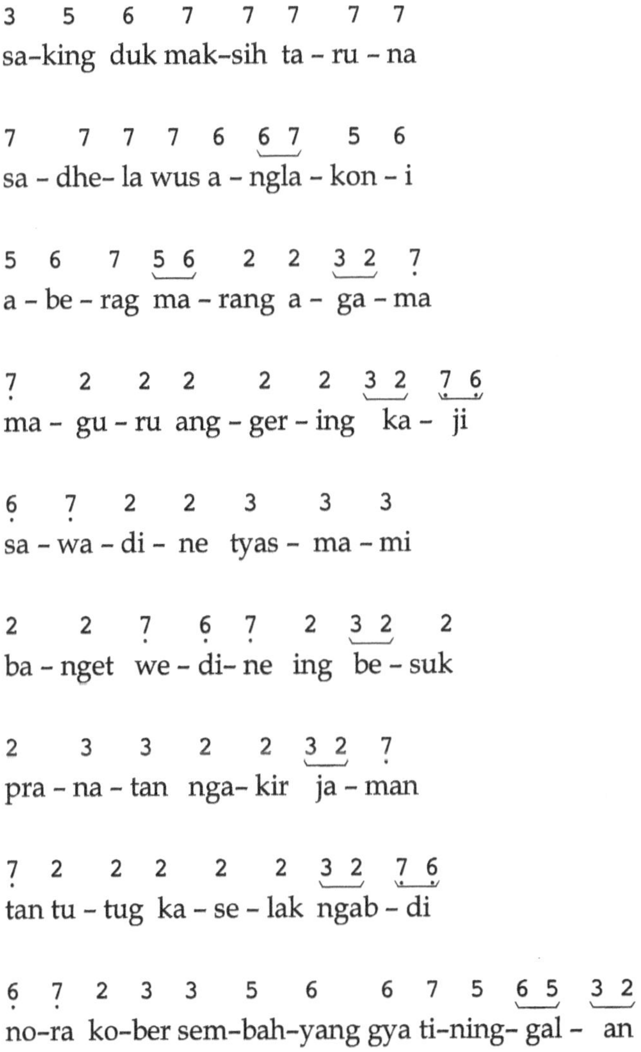

3   5   6   7   7   7   7   7
sa–king duk mak–sih ta – ru – na

7   7 7 7 6 6 7   5   6
sa – dhe– la wus a – ngla – kon – i

5   6   7   5 6   2   2   3 2   7
a – be – rag ma – rang a – ga – ma

7   2   2 2   2   2   3 2   7 6
ma – gu – ru ang – ger – ing   ka – ji

6   7   2   2   3   3   3
sa – wa – di – ne tyas – ma – mi

2   2   7   6 7   2   3 2   2
ba – nget we – di– ne ing be – suk

2   3   3   2   2   3 2   7
pra – na – tan nga– kir ja – man

7   2   2 2   2   2   3 2   7 6
tan tu – tug ka – se – lak ngab – di

6 7 2 3 3   5   6   6 7 5 6 5   3 2
no–ra ko–ber sem–bah–yang gya ti–ning– gal – an

Sinom Padhasih, Pelog Nem

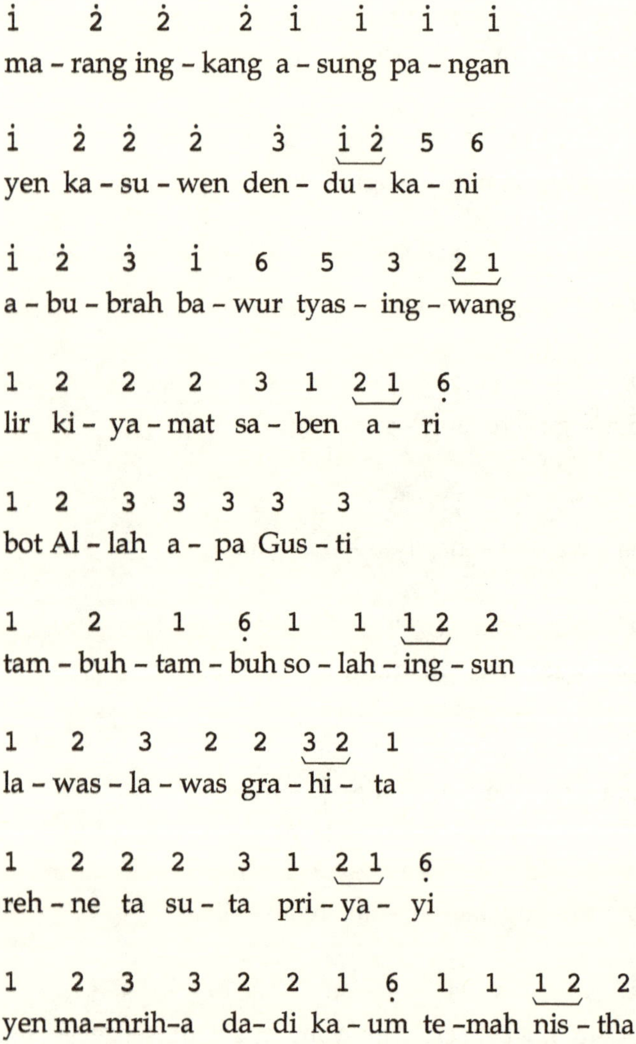

i̇ i̇ i̇ i̇ i i i i
ma – rang ing – kang a – sung pa – ngan

i̇ i̇ i̇ i̇ 3 i̇ i̇ 5 6
yen ka – su – wen den – du – ka – ni

i̇ i̇ 3 i̇ 6 5 3 2 1
a – bu – brah ba – wur tyas – ing – wang

1 2 2 2 3 1 2 1 6̣
lir ki – ya – mat sa – ben a – ri

1 2 3 3 3 3 3
bot Al – lah a – pa Gus – ti

1 2 1 6̣ 1 1 1 2 2
tam – buh – tam – buh so – lah – ing – sun

1 2 3 2 2 3 2 1
la – was – la – was gra – hi – ta

1 2 2 2 3 1 2 1 6̣
reh – ne ta su – ta pri – ya – yi

1 2 3 3 2 2 1 6̣ 1 1 1 2 2
yen ma-mrih-a da- di ka – um te –mah nis – tha

Sinom Parijatha, Pelog Nem

i 2̇ 2̇ 2̇ i 6 6 6
tu – win ke – tib su – ra – ga – ma

5 5 3 2 3 5 6 3 5
pan ing – sun no – ra wi – na – ris

3 5 5 6 2 2 2 1 6̣
a – ngur ba – ya ngan – tep – a – na

1 2 2 2 1 1 2 1 6 5
pra – na – tan wa – jib – ing u – rip

1 2 2 2 2 2 2
lam – pah – an a – nglu – lur – i

3 5 6 5 3 2 3 2 1
a – lur – an – ing pra lu – lu – hur

1 2 2 3 1 2 5̣ 6̣
ku – na ku – mu – na – ni – ra

1 2 2 2 1 1 2 1 6 5
kong – si tu – me – keng se – mang – kin

1 2 2 2 3 5 6 5 3 2 3 2 1
ki – kis – an – e tan lyan a – mung ngu – pa bo – ga

Sinom Slobog, Pelog Barang

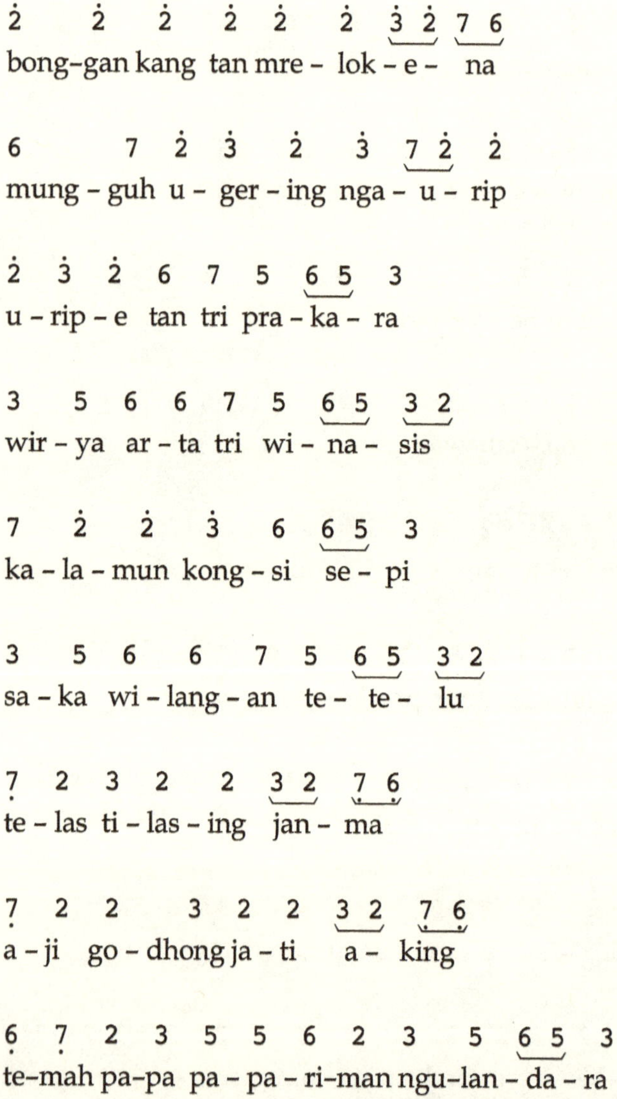

Sinom Sri Trustha, Pelog Barang

6   7   7   7   7 7 7   7
kang wus was – pa – da ing pa – trap

7   6   6   6   6 6 7 5   6
ma – nga – yut a – yat wi – na – sis

5   6   7 5 6 2 2 3 2   7
wa – sa – na wos – ing ji – wang – ga

7   2   2   2 2 2 3 2 7 6
me – lok tan – pa a – ling – a – ling

7   2   3 3 3 3 3
kang nga – ling – i ka – li – ling

2   2   7 6 7 2 3 7   2
we – nga – ning ra – sa tu – mla – wung

2   3 3 2   2 3 2 7
kek – si sa – li – ring ja – man

3   2 7   2   3 2 7   6
a – nge – la – ngut tan – pa te – pi

6 7 2 3 2 2 7 6 7   2   3 2 2
ye-ku a-ran ta-pa ta-pak-ing Hyang Suk – ma

Sinom Sumirat, Pelog Nem

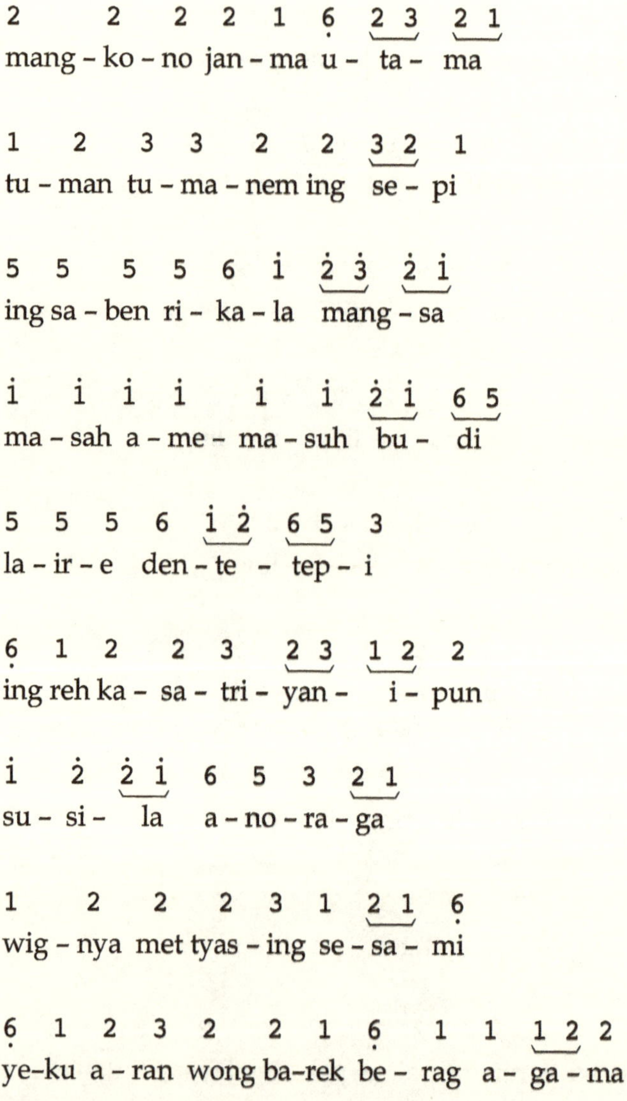

Sinom Wenigonjing, Pelog Nem

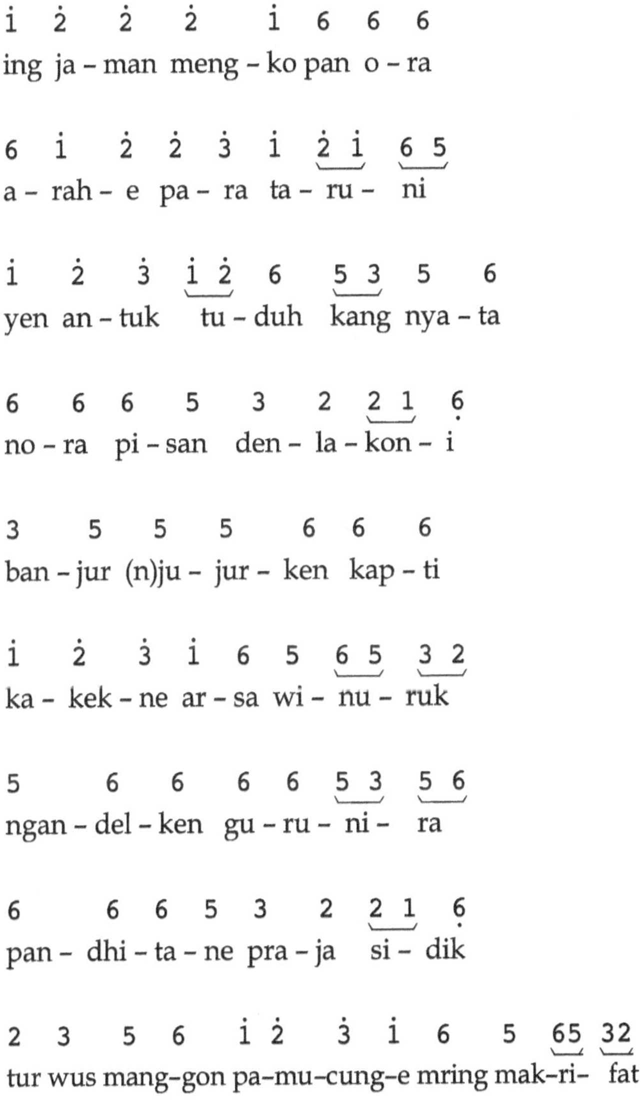

i 2̇ 2̇ 2̇   i 6 6 6
ing ja – man meng – ko pan o – ra

6 i 2̇ 2̇ 3̇ i 2̇ i 6 5
a – rah – e pa – ra ta – ru – ni

i 2̇ 3̇ i̇ 2̇ 6   5 3 5   6
yen an – tuk tu – duh kang nya – ta

6 6 6 5   3   2 2 1 6̣
no – ra pi – san den – la – kon – i

3   5 5 5   6 6 6
ban – jur (n)ju – jur – ken kap – ti

i 2̇ 3̇ i 6 5 6 5 3 2
ka – kek – ne ar – sa wi – nu – ruk

5   6 6 6 6 5 3 5 6
ngan – del – ken gu – ru – ni – ra

6   6 6 5 3 2 2 1 6̣
pan – dhi – ta – ne pra – ja si – dik

2 3 5 6   i 2̇ 3̇ i 6   5 65 32
tur wus mang-gon pa–mu–cung-e mring mak-ri– fat

Daftar Istilah

Asmaradana adalah nama metrum Macapat yang terikat aturan *gurugatra*: 7; *guruwilangan*: 8, 8, 8, 8, 7, 8, 8; dan *gurulagu*: i, a, e/o, a, a, u, a.

Dhandhanggula adalah nama metrum Macapat yang terikat aturan *gurugatra*: 10; *guruwilangan*: 10, 10, 8, 7, 9, 7, 6, 8, 12, 7; dan *gurulagu*: i, a, e/o, u, i, a, u, a, i, a.

Durma adalah nama metrum Macapat yang terikat aturan *gurugatra*: 7; *guruwilangan*: 12, 7, 6, 7, 8, 5, 7; dan *gurulagu*: a, i, a, a, i, a, i.

Kinanthi adalah nama metrum Macapat yang terikat aturan *gurugatra*: 6; *guruwilangan*: 8, 8, 8, 8, 8, 8; dan *gurulagu*: u, i, a, i, a, i.

Maskumambang adalah nama metrum Macapat yang terikat aturan *gurugatra*: 4; *guruwilangan*: 12, 6, 8, 8; dan *gurulagu*: i, a, i, a.

Mijil adalah nama metrum Macapat yang terikat aturan *gurugatra*: 6; *guruwilangan*: 10, 6, 10, 10, 6, 6; dan *gurulagu*: i, o, e, i, i, u.

Pangkur adalah nama metrum Macapat yang terikat aturan *gurugatra*: 7; *guruwilangan*: 8, 11, 8, 7, 12, 8, 8; dan *gurulagu*: a, i, u, a, u, a, i.

Pocung adalah nama metrum Macapat yang terikat aturan *gurugatra*: 4; *guruwilangan*: 12, 6, 8, 12; dan *gurulagu*: u, a, i, a.

Sinom adalah nama metrum Macapat yang terikat aturan *gurugatra*: 9; *guruwilangan*: 8, 8, 8, 8, 7, 8, 7, 8, 12; dan *gurulagu*: a, i, a, i, i, u, a, i, a.

Gurugatra adalah ketentuan jumlah *gatra* (baris) dalam tiap *pada* (bait).

Guruwilangan adalah ketentuan jumlah *wanda* (suku kata) pada tiap-tiap *gatra* (baris).

Gurulagu adalah ketentuan *swara* (bunyi vokal) pada tiap-tiap akhir *gatra* (baris).

Dhadhapan, Gadung-Mlathi, Jaka Lola, Kembang Tiba, Mari Oneng, Panglipur, Banjet, Barang Laya, Kusumasih, dan seterusnya, adalah nama-nama *cengkok* (lagu) yang dikenal dan digunakan untuk me-*nembang*-kan Macapat.

Pelog adalah nama salah satu jenis *laras* (tangga nada) di dalam karawitan (sistem musik tradisional Jawa).

Lima, Nem, dan **Barang** adalah nama jenis *pathet* (tonika) pada sistem tangga nada Pelog yang dikenal di dalam karawitan *gagrag* (gaya) Surakarta dan Yogyakarta.

Cakepan (syair) dari lagu-lagu dalam buku ini diambil dari petikan karya-karya sastra Jawa lama seperti *Suluk Gatholoco, Serat Nitisruti, Serat Wasita Dyah Utama, Serat Wedhatama, Serat Wulangreh* dan *Serat Wulangsunu.*

Sugito HS, lair ing Magetan, 26 Januari 1984. Sinau nabuh lan nembang ing Sekolah Menengah Karawitan Indonesia (SMKI) Surakarta. Nate sinau *Pendidikan Bahasa Jawa* suwene limang (5) semester ing Jurusan Pendidikan Bahasa Jawa Fakultas Bahasa dan Seni Universitas Negeri Yogyakarta.

Sugito manggon ing Yogyakarta wiwit taun 2002. Wiwit saka taun 2003 mulang karawitan ing sadhengah kampung lan sekolahan. Taun 2004 nganti 2006 dadi guru honorer, mulang basa Jawa, ing sawetara SMP. Taun 2006 Sugito lan saperangan kanca ngadegake Komunitas *Suka Lelangen Edining Kasusastran* (SLEnK). Setaun bacute jeneng komunitas iki diowahi dadi *Suka Lelangen Edining Kabudayan.*

Sugito nate kedhapuk ngisi *kolom Saur-manuk* ing rubrik *Jagat Jawa* koran *Harian Jogja* periode Mei tekan Nopember 2008. Kejaba nekuni pakaryan minangka pengrawit, Sugito uga kebacut seneng nulis geguritan, cerkak, naskah wayang, naskah kethoprak, lan lagu karawitan. Engga seprene isih aktif ngesuhi Komunitas SLEnK.

contact : 085292990929 | sugitohs@yahoo.co.id

www.ingramcontent.com/pod-product-compliance
Lightning Source LLC
Chambersburg PA
CBHW031736150726
47989CB00006B/2485